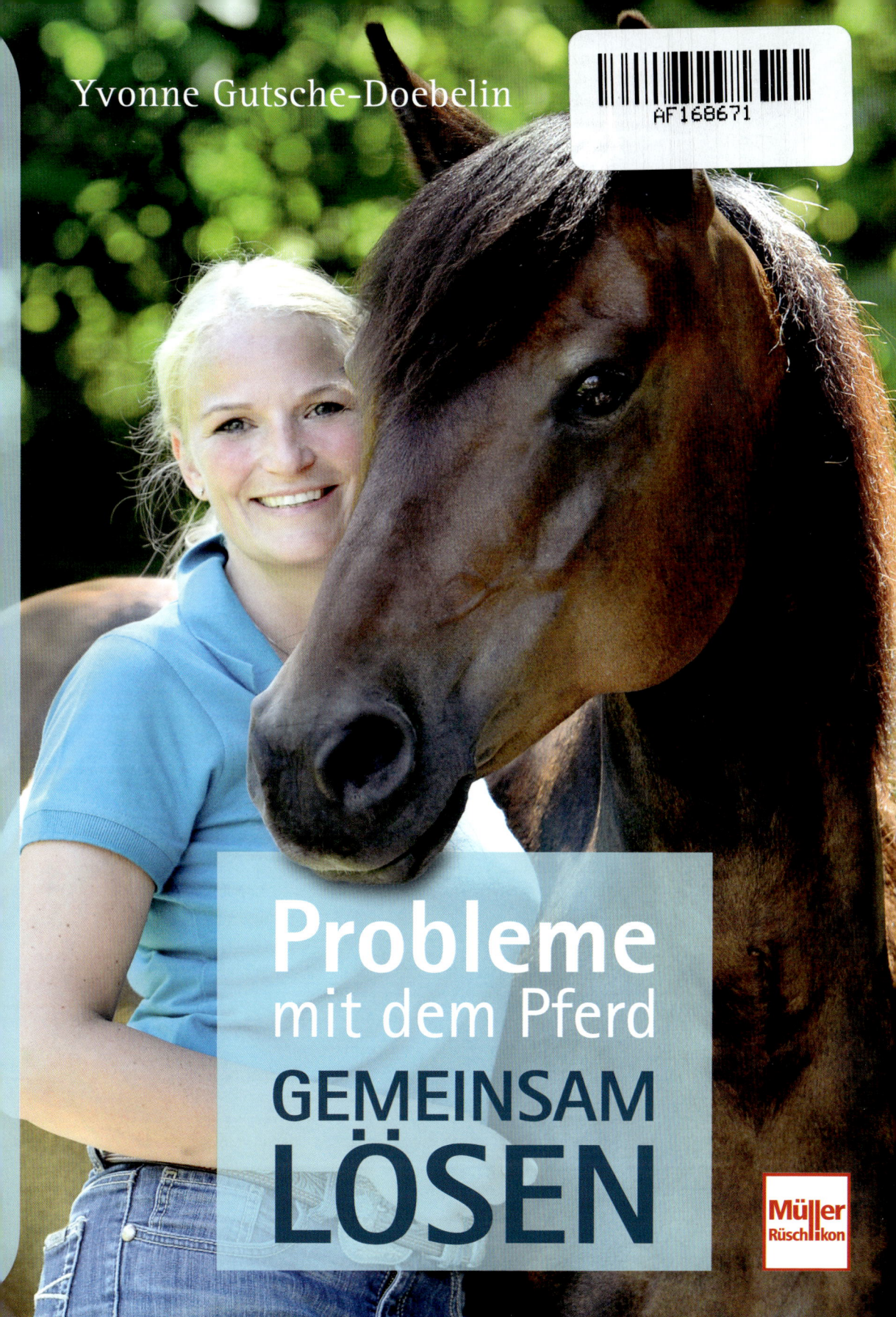

Einbandgestaltung: R2 I Ravenstein, Verden

Titelfoto: CAVALLO/Lisa Rädlein

Bildnachweis:
Alle Bilder stammen von Lisa Rädlein mit Ausnahme von:
CAVALLO/Lisa Rädlein: S. 10, 11, 41, 76, 81, 162/163, 164/165
Ellen Hamsa: S. 150, 151
Florian Schmid: S. 170/171, S. 172
Nora Smith: S. 167, 169, 13/14/15, 174

Alle Angaben in diesem Buch wurden nach bestem Wissen und Gewissen gemacht. Für einen eventuellen Missbrauch der Informationen in diesem Buch können weder die Autorin noch der Verlag oder die Vertreiber des Buches zur Verantwortung gezogen werden. Eine Haftung für Personen-, Sach- und Vermögensschäden ist ausgeschlossen.

ISBN 978-3-275-02120-8

Copyright © by Müller Rüschlikon Verlag
Postfach 103743, 70032 Stuttgart
Ein Unternehmen der Paul Pietsch Verlage GmbH & Co. KG

1. Auflage 2018

Sie finden uns im Internet unter www.mueller-rueschlikon-verlag.de

Nachdruck, auch einzelner Teile, ist verboten. Das Urheberrecht und sämtliche weiteren Rechte sind dem Verlag vorbehalten. Übersetzung, Speicherung, Vervielfältigung und Verbreitung einschließlich Übernahme auf elektronische Datenträger wie DVD, CD-ROM usw. sowie Einspeicherung in elektronische Medien wie Internet usw. ist ohne vorherige Genehmigung des Verlages unzulässig und strafbar.

Lektorat: Claudia König
Innengestaltung: R2 I Ravenstein, Verden
Druck und Bindung: Appel & Klinger Druck und Medien GmbH, 96277 Schneckenlohe
Printed in Germany

Kapitel 1:
Einleitung   7

Kapitel 2:
Wo liegt das Problem?   17
- Wie lebt das Pferd?   22
- Was frisst das Pferd?   25

Kapitel 3:
Vom Umgang mit Problemen   39

Kapitel 4:
Problemen vorbeugen – diese Basics sollte jedes Pferd können   43
- Berührungen am ganzen Körper akzeptieren   55
- Höfliches Halftern   59
- Stillstehen   60
- Hufe geben   65
- Mit der Hinterhand weichen   66
- Mit der Vorhand weichen   67
- Führen am durchhängenden Strick   69
- Anhalten   69
- Rückwärts gehen   71
- Longieren einer liegenden Acht   71

Kapitel 5:
Hilfe bei typischen Herausforderungen mit Pferden   85
- Mein Pferd lässt sich nicht einfangen.   86
- Mein Pferd ist kopfscheu und lässt sich nur ungern anfassen.   90
- Das Pferd zickt bei der Wurmkur.   93

Mein Pferd hebt das Hinterbein, wenn ich es dort berühre. _____ 95

Beim Hufegeben zieht das Pferd das Bein weg. _____ 97

Mein Pferd reißt beim Halftern den Kopf hoch. _____ 98

Mein Pferd rennt wie gestört davon,
wenn ich ihm auf der Weide das Halfter abnehme. _____ 100

Mein Pferd kann nicht still stehen bleiben. _____ 101

Mein Pferd zieht am Anbinder zurück. _____ 102

Mein Pferd lässt sich nur ungern trensen. _____ 104

Mein Pferd giftet beim Satteln. _____ 110

Mein Pferd springt beim Absatteln weg. _____ 113

Mein Pferd rennt beim Abnehmen der Trense rückwärts. _____ 114

Mein Pferd hört mir bei der Bodenarbeit nicht zu und
tänzelt um mich herum. _____ 115

Mein Pferd hält beim Führen nicht auf mein Signal an. _____ 116

Mein Pferd versucht mich zu beißen. _____ 118

Mein Pferd trödelt beim Führen. _____ 119

Mein Pferd rempelt beim Führen. _____ 120

Mein Pferd überholt mich beim Führen. _____ 120

Mein Pferd geht beim Longieren nicht raus auf den Zirkel. _____ 121

Mein Pferd trödelt beim Longieren. _____ 123

Mein Pferd hält beim Longieren beim Handwechsel an und
bleibt vor mir wie angewurzelt stehen. _____ 124

Mein Pferd lässt sich beim Longieren nicht gut nach innen
stellen und guckt immer wieder nach außen. _____ 124

Mein Pferd drängt beim Longieren in die Kreismitte. _____ 126

Mein Pferd reißt sich beim Longieren los. _____ 127

Mein Pferd zappelt beim Aufsteigen. _____ 129

Mein Pferd wird beim Reiten eilig. _____ 130

Mein Pferd will im Gelände immer nur fetzen. _____ 132

Mein Pferd lässt beim Reiten den Kopf nicht fallen. _____ 132

Mein Pferd drückt auf dem Zirkel nach außen. — 135
Mein Pferd drängt auf dem Zirkel nach innen. — 136
Mein Pferd hat zu wenig Power in der Hinterhand. — 136
Mein Pferd drängt auf der ganzen Bahn nach innen. — 138
Mein Pferd reagiert nicht auf meine Schenkelhilfen. — 138
Mein Pferd lässt sich nicht auf feine Signale anhalten. — 142
Mein Pferd geht schief rückwärts. — 145
Mein Pferd scheut immer in einer Hallenecke. — 149
Mein Pferd dreht durch, wenn ihm beim Ausreiten aus Versehen ein Ast zwischen die Beine gerät. — 149
Mein Pferd bekommt Panik, wenn Rehe über den Weg springen. — 150

Kapitel 6:

Wenn der beste Tipp nicht hilft – Wege aus der Krise — 153

1. Welcher Trainer kommt grundsätzlich in Frage? — 156
2. Wie läuft die erste Kontaktaufnahme? — 156
3. Welchen Eindruck hast Du vom Trainer und seinem Stall? — 156
Wenn trotz Profi-Trainer so gar nichts klappen will… — 158

Kapitel 7:

Die Autorin und das Team dieses Buches — 163

Die Autorin Yvonne Gutsche-Doebelin — 164
Die Co-Autorin Christiane Wehnert — 172
Die Fotografin Lisa Rädlein — 173

Making-of — 174
Quellennachweis — 174

Kapitel 1

EINLEITUNG

Alles Glück dieser Erde liegt auf dem Rücken der Pferde. *

***Gilt nicht,** wenn das Pferd den Menschen beim Führen über den Haufen rennt, am Putzplatz zappelt, beim Verladen zickt, sich beim Longieren losreißt, beim Reiten buckelt, nicht auf Schenkelhilfen reagiert, beim Ausreiten nach Hause drängelt oder sich im Gelände erschreckt und durchgeht ...

Mein Herzenspferd Bailey! Ich liebe sie einfach!

Kommt Dir das bekannt vor? Wenn Dein Pferd alles macht, was Du gerne hättest, ist es das tollste Pferd auf der Welt; wenn es sich aber ungezogen verhält, würde man es am liebsten auf den Mond schießen. In solchen Momenten kann der noch so schönste Ausflug zum Pferd richtig frustrierend sein. Und es geht noch schlimmer: Das Problem kann sich von Tag zu Tag aufschaukeln, so dass selbst irgendwann allein schon der Gedanke an den nächsten Stallbesuch keine wirkliche Freude mehr weckt.

Stopp! So weit soll es nicht kommen! Reiten ist schließlich das schönste Hobby der Welt! Das dürfen wir uns nicht vermiesen lassen – auch nicht von kleinen oder größeren Schwierigkeiten!

Ich arbeite seit vielen Jahren mit Pferden und ihren Reitern zusammen. Ich bilde Menschen und Pferde reitweisenübergreifend aus. Bei diesem Job bleibt es nicht aus, dass Reiter mir von Schwierigkeiten mit ihren Pferden berichten. Das fängt an bei so vermeintlich simplen Geschichten wie »Mein Pferd lässt sich nicht anständig halftern« oder »Mein Pferd zappelt beim Aufsteigen« und geht bis hin zu so gefährlichen Situationen wie »Mein Pferd steigt beim Reiten« oder »Mein Pferd tritt beim Putzen«. Lange Rede, kurzer Sinn: Die Liste an Schwierigkeiten im Stall ist schier unendlich lang. Und ich kann Dir Brief und Siegel darauf geben, dass jeder Reiter – egal ob Freizeit- oder Turnierreiter, ob Anfänger oder Profi – irgendwann mal eine kleinere oder größere Herausforderung mit seinem Pferd hat, die es zu lösen gilt.

Auch ich als Profitrainer stehe immer wieder vor Herausforderungen. Das beste Beispiel dafür ist meine Kurgestütler-Stute Bailey. Sie kam zu mir, als sie sechs Jahre alt war und galt als ein gefährliches und unreitbares Pony. Weil die Besitzer nicht mir ihr klarkamen, sollte Bailey zum Schlachter. Glücklicherweise habe ich die Stute rechtzeitig vorher kennengelernt. Die Besitzer haben sie mir geschenkt; ich musste aber alle Haftungsansprüche abtreten.

Bailey bekam von mir zunächst ein komplettes Time-out auf der Weide.

Bailey genießt die Zeit auf der Weide.

Kapitel 1 EINLEITUNG

Bailey marschiert sicher über die Hängebrücke.

Während ihre Weidekumpels stets fröhlich zu mir kamen, wenn ich die Pferde auf der Koppel besuchte, zeigte Bailey überhaupt kein Interesse an mir. Für mich war das in Ordnung. Wer weiß, was die Stute schon alles durchgemacht hatte. Ich wollte ihr alle Zeit der Welt geben, um sich zu erholen. Doch irgendwann kam der Tag der Tage: Bailey interessierte sich für mich. Sie kam zu mir, schnupperte an meinen Händen und blieb neben mir stehen. Ich sage Dir, das war ein richtig toller und emotionaler Moment für mich. Ich war so glücklich und dankbar. Das erste zarte Vertrauensband war geknüpft!

Mein Motto lautet: If you have a problem with a horse, go back to the roots. Und so startete ich das Gelassenheitstraining mit Bailey am Boden. Dabei handelt es sich um verschiedene Übungen, die ich in meinem bereits veröffentlichen Buch »Gelassenheitstraining – Pferde-Typen richtig trainieren« beschreibe. Ich fing mit Bailey an wie mit einem Jungpferd, das noch gar nichts kennt und kann. Durch das Training bauten wir eine richtig gute Beziehung zueinander auf. Bailey wurde darüber hinaus immer mutiger und sehr viel entspannter. Ich glaube, sie spürte, dass ich auf sie aufpasste.

Bailey auf der Wippe.

Irgendwann verlagerten wir das Gelassenheitstraining in den Sattel. Das Thema Rittigkeit ließ ich aber zunächst komplett außen vor. Ich wollte das »unreitbare« Pony nicht reizen. Erst später tastete ich mich auch an dieses Thema ran.

Heute ist Bailey mein absolutes Verlasspferd und eine mega treue Partnerin an meiner Seite. Mit ihr reite ich Stuntshows, die ich beispielsweise auf Veranstaltungen wie der Gala-Show »Nacht der Pferde« bei der Pferd & Jagd 2017 oder auch bei der Gala-Show der Eurocheval zeige. Bailey lässt sich nämlich mittlerweile nicht nur gut reiten, sie ist ein richtiges Stunt-Pony

geworden. Ohne mit der Wimper zu zucken kraxelt sie über meine Hängebrücke, geht über meine große Wippe und springt im Galopp auf einen fahrenden Pferdeanhänger hinauf.

Unsere Partnerschaft geht sogar so weit, dass wir bei den Shows ein Wechselspiel der Kompetenzen haben. Das bedeutet: Ich gebe die Route durch den Stunt-Parcours vor, bei den Stunts selbst verlasse ich mich aber fast komplett auf Bailey. Sie darf entscheiden, wie schnell sie beispielsweise auf die Wippe geht. Nur seitlich begrenze ich sie bei Bedarf mit meinen Beinen – aus Sicherheitsgründen, damit sie nicht auf der Wippe einen Schritt seitlich ins Leere macht. Weder von den Stunts, vom Scheinwerferlicht noch von mehreren tausend Zuschauern lässt sich Bailey aus der Ruhe bringen. Im Gegenteil: Sie liebt es, im Mittelpunkt zu stehen. Für sie können die Zuschauer gar nicht laut genug klatschen. Das ist richtig lustig zu beobachten und macht mich sehr stolz.

In diesem Film kannst Du Dir unsere Stuntshow anschauen:

Bailey ist einfach unglaublich! Und ich denke, letztendlich ist sie auch ein sehr gutes Beispiel, was aus sogenannten »Problempferden« werden kann, wenn man sie im Training richtig abholt und auf sie gefühlvoll eingeht.

Als ich Bailey damals übernommen habe, habe ich mir natürlich sehr viele Gedanken gemacht, wie ich mit ihr umgehen soll. Wie Du siehst, haben sich der Aufwand und die vielen schlaflosen Nächte sehr gelohnt. Unser Leben hat sich um 180 Grad zur positiven Seite gedreht.

Mit der Geschichte von Bailey möchte ich Dir Mut machen, bei Schwierigkeiten mit Deinem Pferd nicht den Kopf in den Sand zu stecken, sondern nach einem Lösungsweg zu suchen und diesen auch konsequent zu verfolgen.

Ich beobachte jedoch, dass viele Reiter gar nicht wissen, wie sie mit Herausforderungen umgehen sollen. Oft platzt der gedankliche Knoten im Kopf des Reiters erst, wenn er den Lösungsansatz kennt und ihn verstanden hat.

Nur wer sagt einem schon, wie man das Problem am besten angeht? Über »Alltagsprobleme« wie »Mein Pferd lässt sich auf der Koppel nicht einfangen« spricht man üblicherweise in normalen Reitstunden nicht und die gut gemeinten Ratschläge von Stallkollegen bringen einen auch oft genug auch nicht weiter.

Diese Lücke möchte ich mit diesem Buch schließen. In meinem Ratgeber gebe ich Dir einen Einblick in meinen Alltag mit Pferden, Reitern und ihren Schwierigkeiten. Das Buch liefert Dir zum einen ganz viele Ideen, wie man selbst bei typischen Alltagsproblemen am Boden sowie im Sattel vorgehen kann, zum anderen gibt es Dir viele Denkanstöße sowie Hintergrundwissen rund um das Thema.

Ich wünsche Dir viel Spaß beim Lesen dieses Buches und hoffe, dass Du viele Anregungen mitnehmen kannst, damit Du die Zeit mit Deinem Pferd wieder richtig genießen kannst!

*Alles Liebe,
Deine Yvonne Gutsche*

PS: Ich freue mich über Dein Feedback zum Buch und gerne auch über Fragen unter **DoubleDivideRanch@gmx.de.**

SICHERHEITSHINWEIS

So leid es mir tut, aber ich muss Dir nur leider gleich zu Beginn den sprichwörtlichen Zahn ziehen, um keine falschen Erwartungen an dieses Buch zu schüren. Dieses Buch ist ein Ratgeber, in dem ich versuche, Dir so viele nützliche Infos und Tipps wie möglich zu liefern, aber ich kann Dir keine Erfolgsgarantie geben. Jedes Pferd ist anders und reagiert nicht gleich gut auf jeden Trainingsansatz. Bei mir im Training gibt es deswegen kein Schema F für alle Schwierigkeiten. Pferdetraining ist eine ganz individuelle Geschichte und es kommt regelmäßig vor, dass ich meinen Trainingsansatz überdenke oder sogar ganz verwerfe, wenn ich merke, dass ich mit meiner Strategie nicht weiterkomme.

Extrem wichtig ist nicht nur der richtige Trainingsweg, sondern es kommt auch immer darauf an, wie der Reiter die Tipps umsetzt und wie die äußerlichen Rahmenbedingungen sind.

Natürlich versuche ich Dir und Deinem Pferd mit diesem Buch so gut wie möglich aus der Ferne zu helfen, jedoch kann dieses Buch keinesfalls die Unterstützung durch einen guten Trainer ersetzen, der Dir hilft, wenn Du mit Deinem Pferd partout nicht weiterkommst. Mehr dazu erfährst Du in Kapitel 6.

Kapitel 2

WO LIEGT DAS PROBLEM?

Das Problem zu erkennen ist wichtiger als die Lösung zu erkennen, denn die genaue Darstellung des Problems führt zur Lösung.

Physik-Genie Albert Einstein

Albert Einstein trifft mit diesem Zitat den Nagel auf den Kopf. Auch ich finde, dass die genaue Analyse eines Problems sehr wichtig ist – und oft bereits gute Lösungsansätze aufzeigt. Man muss nur ganz genau hinschauen. Das Zitat von Einstein gilt daher meiner Meinung nach nicht nur für die Physik, sondern auch für alle anderen Lebensbereiche wie beispielsweise den Umgang und das Training mit Pferden.

OUTING: MEIN PFERD UND ICH HABEN EIN PROBLEM!

Ich freue mich natürlich nicht, wenn Reiter Schwierigkeiten mit ihren Pferden haben, aber ich freue mich, wenn Pferdebesitzer sich an mich wenden, um mit mir über ihr Problem zu sprechen. Diese Menschen haben realisiert, dass etwas schiefläuft. Alleine dieses Eingeständnis und Outing stellt für viele Reiter eine große Herausforderung dar. Nicht jeder gibt sich selbst oder anderen gegenüber gerne zu, dass etwas aus dem Ruder läuft; andere nehmen die Schwierigkeiten überhaupt nicht wahr. Ich finde es daher super und auch sehr mutig, wenn jemand zu mir kommt und sagt: »Yvonne, ich habe Mühe mit meinem Pferd.« Solche Menschen können immer auf mich zählen.

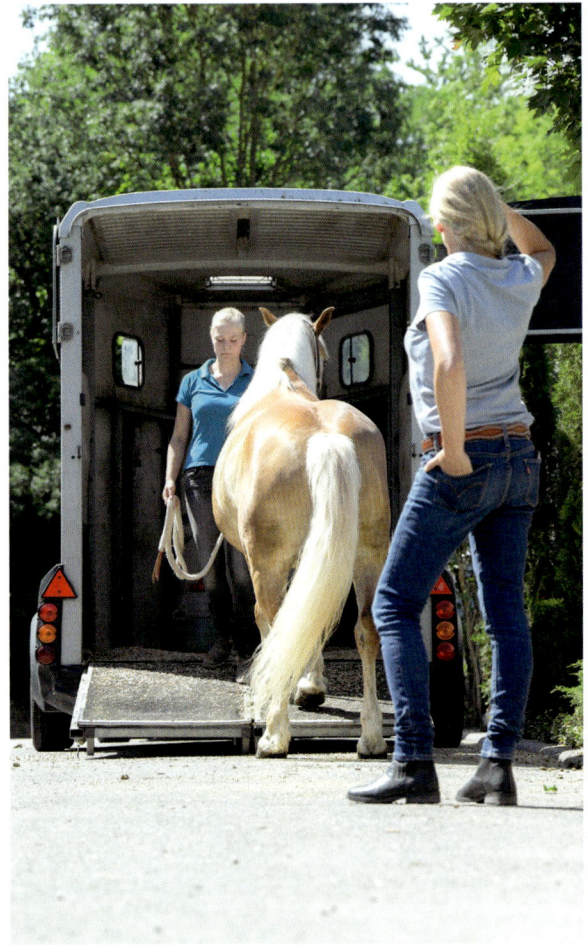

Ankunft eines neuen Pferds auf der Double Divide Ranch.

Wenn ein neues »Problempferd« bei mir auf der Double Divide Ranch in Bad Wimpfen bei Heilbronn einzieht, ist das jedes Mal aufs Neue spannend. Ich kenne das Pferd meist nur von Fotos, Videos und Beschreibungen des Besitzers. Um den passenden Lösungsweg für die Schwierigkeit zu finden, brauche ich jetzt noch mehr Infos.

Zunächst lasse ich den Besitzer noch mal genau beschreiben, welches Problem vorliegt. Ich möchte, dass der Reiter mir die unerwünschte Verhaltensweise seines Pferds am liebsten bis ins kleinste Detail schildert. Sehr wichtig für die Analyse sind Antworten auf diese Fragen:

— Welche Schwierigkeit liegt vor?
— Seit wann besteht das Problem?
— Hatte das Pferd einen Unfall?
— Hat sich das unerwünschte Verhalten im Laufe der Zeit verändert?
— Wie oft tritt es auf?
— Hat der Besitzer eine Vermutung, was die Ursache sein könnte?
— Zeigt das Pferd das Verhalten nur bei bestimmten Menschen, an bestimmten Orten oder in bestimmten Situationen?

Ein Beispiel: Ich hatte mal ein Pferd im Training, das sich bei mir auf der Ranch problemlos am Halfter anbin-

Meine Co-Trainerin Stephi und ich im Gespräch über ein Berittpferd.

den ließ. Zu Hause im Stall war das überhaupt nicht möglich. Das Pferd wurde dabei regelrecht wahnsinnig. Das unerwünschte Verhalten war also ortsgebunden – ein wichtiger Hinweis fürs spätere Training!
— Wird das Verhalten durch bestimmte Dinge beeinflusst?
— Beeinträchtigt die Schwierigkeit den Umgang, das Training oder sogar die Gesundheit von Pferd und Mensch?
— Welche Behandlungsversuche und Lösungsansätze wurden bereits ausprobiert und welche Wirkung haben sie erzielt? Unter uns gesagt ist die Antwort auf diese Frage manchmal echt erschreckend. Mit welchen Methoden Besitzer und auch so manche Trainer versuchen, das Problem aus der Welt zu schaffen, ist bizarr. Gefühlt gibt es da nichts, was es nicht gibt.

Während der Besitzer mir über das unerwünschte Verhalten seines Pferds berichtet, mache ich mir ein wertneutrales Bild der Lage. Hilfreich sind hierbei natürlich Videos, auf denen ich mir die problematische Verhaltensweise anschauen kann. Wenn möglich, lasse ich mir das Problem auch live zeigen oder schaue, ob die unerwünschte Verhaltensweise auch auftritt, wenn ich mich mit dem Pferd beschäftige, wie beispielsweise bei dem Problem »Das Pferd rempelt beim Führen«. Je nach Problem ist es interessant zu beobachten, ob das unerwünschte Verhalten auftritt, wenn das Pferd allein ist, also die Verhaltensweise ohne Einwirkung des Menschen gezeigt wird, wie beispielsweise beim Thema »Mein Pferd zappelt am Putzplatz«.

In diesem Buch verwende ich die Wörter »Pferdebesitzer« und »Reiter« synonym. Es ist aber ganz egal, ob Du Besitzer, Reiter, Reitbeteiligung, Trainer, Pfleger oder Stallbetreiber bist. Mein Buch richtet sich an alle, die mit Pferden in irgendeiner Weise zu tun haben.

WENN MEIN PFERD MÜHE MIT ETWAS HAT, IST ES DANN AUTOMATISCH EIN »PROBLEMPFERD«?

Viele Pferde bekommen von ihren Besitzern den Stempel »Problempferd« verpasst, wenn sie sich anders verhalten als die braven Stallkumpels. Wenn jemand so über sein Pferd spricht, dann verrät mir das sehr viel über das Empfinden des Besitzers. Ich persönlich mag jedoch den Begriff nicht sonderlich. »Problempferd« klingt so negativ. Analog dazu müsste es auch »Problemmenschen« geben, aber so bezeichnet man ja niemanden, der ein Problem mit etwas hat. Dementsprechend würde ich eher sagen: »Mein Pferd hat Mühe oder es hat eine Schwierigkeit mit xy«. Das ist eine treffendere Formulierung.

Echte »Problempferde« gibt es meiner Erfahrung nach nur ganz selten. Ich verwende den Begriff lediglich bei Tieren, die von Natur aus auffällig schwierig im Verhalten, Umgang und Training sind. Aber das sind wirklich nur sehr wenige Pferde. Welches Pferd kommt schon als beißendes oder steigendes Individuum zur Welt?

PROBLEM-WISSENSCHAFTEN

Verhaltensforscher unterscheiden bei Schwierigkeiten mit Pferden zwischen Verhaltensstörung und unerwünschtem Verhalten.

— Als <u>Verhaltensstörung</u> bezeichnet man eine erhebliche und andauernde Abweichung vom Normalverhalten wie beispielsweise Koppen, Barrenwetzen oder Weben.

— <u>Unerwünschte Verhaltensweisen</u> gehören hingegen zumeist zum normalen Verhalten der Pferde, stören aber bei der Haltung und/oder im Training. Hier ein paar Beispiele: Nicht-Einfangen-Lassen, Verladeschwierigkeiten, Beißen, Scharren, Durchgehen, Steigen und Nicht-Trensen-Lassen.

Eine unerwünschte Verhaltensweise: Das Pferd will sich nicht trensen lassen.

Das unerwünschte Verhalten des Pferdes ist das eine. Im nächsten Schritt versuche ich Sherlock Holmes-mäßig herauszufinden, warum das Pferd damit Mühe hat. Ich überlege, wo die Ursache liegen könnte.

Wenn ich den Besitzer frage, ob er eine Vermutung hat, dann höre ich oft diesen Spruch: »Mein Pferd macht das doch mit Absicht.« Ich habe die Erfahrung gemacht, dass es die allermeisten Pferde NICHT mit Absicht machen. Sie überlegen sich nicht nachmittags, wie sie den Reiter abends im Training ärgern könnten. Das wäre zu menschlich gedacht. Ein Pferd ist ein Pferd. Nicht mehr und nicht weniger. Sätze des Reiters wie »Er hat das mit Absicht gemacht« oder »Er wollte mir eins auswischen« spiegeln in keiner Weise das Denken und Handeln von Pferden wider. Pferde haben in der Regel einen triftigen Grund, warum sie etwas tun oder auch nicht tun. Diesen gilt es herauszufinden, denn genau hier an der umgangssprachlichen Wurzel des Problems will ich ansetzen, um Pferd und Mensch zu helfen.

Die Wurzel zu finden, kann unter Umständen sehr viel Zeit, Geduld, Geld und Arbeit in Anspruch nehmen. Dieser Weg ist aber am effektivsten, weil man die Schwierigkeit langfristig am besten löst, wenn man die Ursache kennt und beseitigt.

Meiner Meinung nach bringt es nichts, das Problem nur oberflächlich in den

Meine Pferde dürfen auf großen Weiden entspannen.

Griff zu bekommen, indem man beispielsweise stärker am Zügel zieht, wenn das Pferd sich nicht stoppen lässt. Das ist lediglich eine Notlösung. In den allermeisten Fällen sind solche Handlungen des Reiters nicht der langfristige Schlüssel zum Erfolg.

Das Problem am Problem: Es gibt gefühlt mehrere tausend verschiedene Ursachen. Zwei der ersten Punkte, die ich bei jedem Pferd – ganz egal, um welches Problem es sich handelt – abklopfe, sind **Haltung und Fütterung**. Stimmen diese beiden essentiellen Rahmenbedingungen nicht, führt das zu Stress. Und Stress wirkt sich wiederum negativ aufs Verhalten beim Umgang sowie im Training aus. Das wiederum führt zu Schwierigkeiten, die selbst der beste Reiter oder Trainer durch sein Können nicht ausgleichen kann. Schauen wir uns daher die Punkte Haltung und Fütterung mal genauer an.

Wie lebt das Pferd?

Gute Pferdehaltung ist eigentlich ganz simpel: Je besser die natürlichen Bedürfnisse des Pferds wie Kontakt zu Artgenossen, Bewegung, Sicherheit und Fressen berücksichtigt werden, desto gesünder ist die Pferdeseele.

Damit Du eine Idee davon bekommst, wie ein glückliches Pferdeleben aussieht, werfen wir mal einen Blick auf das Leben von Wildpferden: Sie sind täglich bis zu 16 Stunden im Schritt mit ihren Artgenossen unterwegs. Ab und zu legen sie

Alle Boxenpferde auf der Double Divide Ranch haben Kontakt zu Artgenossen und kommen jeden Tag raus.

auch mal ein schnelleres Tempo ein, etwa wenn Gefahr durch ein Raubtier droht. Darüber hinaus sind sie rund zwölf Stunden mit Fressen beschäftigt. Zwischendurch wird geschlafen, gespielt oder die Pferde kraulen sich gegenseitig das Fell.

Ob Isländer, Araber oder Sportpferd, auch unsere gezähmten Pferde haben diese Bedürfnisse, obwohl sie schon seit vielen Jahren nicht mehr in der freien Wildbahn leben. Das Problem ist nur, dass die wenigsten von uns mehrere Kilometer große Ausläufe für ihre Pferde zur Verfügung haben.

Viele Pferde werden einzeln in Boxen gehalten. Um den Bedürfnissen der Tiere halbwegs gerecht zu werden, brauchen solche Pferde daher unbedingt täglich mehrere Stunden Freilauf an frischer Luft und mit mindestens einem Kumpel, sonst stressen Bewegungsmangel und fehlender Sozialkontakt.

Erfreulicherweise leben immer mehr Pferde in Lauf- oder Offenställen. Das ist grundsätzlich prima. Hier sind die Pferde 24 Stunden an der frischen Luft, können sich frei bewegen und mit Artgenossen spielen. Doch was so toll nach Freiheit, Freundschaft und Gesundheit klingt, hat auch seine Schattenseiten. In der Herde fühlen sich Pferde nur dann wohl, wenn die Gruppe sich gut versteht und es ausreichend Platz sowie Futter gibt. In der Praxis sieht das aber manchmal anders aus: So kam vor einiger Zeit mal ein völlig gestresstes, abgemagertes

Pferd in meine Obhut, dessen Besitzerin – eine sehr gute Reiterin – nicht mehr weiterwusste. Sie hatte ihren Schatz in einen nagelneuen Aktivstall umgezogen, dessen Fläche so groß wie ein Fußballfeld war. Ich war beeindruckt, als sie mir davon berichtete. Als ich dann aber erfuhr, wie viele Pferde sich den Stall teilten – nämlich 54 – konnte ich eins und eins zusammenzählen: der Auslauf war für die Anzahl der Pferde zu klein!

Diese Schilderung ist kein Einzelfall. Auch andere Reiter berichten mir von miserablen Zuständen – oft auch in Verbindung mit zu wenig Raufutter. In vielen Offenställen knallt es daher an allen Ecken und Enden.

Ein weiterer Stressfaktor sind häufige Pferdewechsel. Kommt ein neues Pferd in die Herde, sorgt das für eine gewisse Unruhe; geht ein Pferd, wird es möglicherweise von seinem Kumpel schmerzlich vermisst.

Ebenso müssen Tagesgruppen sorgfältig zusammengestellt werden, also Pferdeherden, deren Mitglieder nachts in Einzelboxen leben und tagsüber gemeinsam auf Paddock oder Koppel dürfen. Das Streitrisiko steigt, wenn die Gruppen danach ausgewählt werden, welche Besitzer sich untereinander bestens verstehen. Denn nur, weil wir Menschen uns vielleicht gut riechen können, ist das bei Pferden noch lange nicht der Fall. Ein Beispiel: Zwei Schülerinnen wollten ihre Pferde bei einem Lehrgang bei mir auf der Anlage unbedingt nebeneinander in Boxen unterbringen. Also bezogen die

Mustangstute Röschen im Offenstall.

Tiere zwei benachbarte Boxen. Nach einer Stunde trennte ich die beiden Pferde. Die Tiere konnten sich nicht ausstehen. Sie gifteten über die Trennwände. Der Stress war beiden Pferden ins Gesicht geschrieben. So hätten wir unmöglich mit dem Lehrgang entspannt und motiviert starten können.

Was frisst das Pferd?

Verhaltensprobleme beginnen oft am Trog. Ich kann es ehrlich gesagt nicht fassen, dass viele Reiter im Jahr 2018 immer noch dafür kämpfen müssen, dass ihre Pferde ausreichend qualitativ hochwertiges Raufutter zu fressen

Pferde brauchen ausreichend qualitativ hochwertiges Raufutter.

Hafer kann als Ergänzung gefüttert werden.

Fütterungsexperten raten, Pferde möglichst faserreich zu ernähren. Raufutter ist daher das wichtigste Pferdefutter. Ergänzend kann man zu Kraftfutter greifen, aber nicht jedes Pferd braucht das zwingend. Am besten lässt man sich von einem Experten beraten, welche Ration das Pferd braucht. Da Pferde in freier Wildbahn rund zwölf Stunden mit Fressen beschäftigt sind, sollte man die Mahlzeiten über den Tag so verteilen, dass man diesem Bedürfnis halbwegs gerecht wird.

Wenn ich Kraftfutter ergänze, greife ich am liebsten zu Hafer. Alle meine Pferde vertragen Hafer sehr gut. Noch dazu ist das Getreide verhältnismäßig günstig. Den Hafer füttere ich als ganzes Korn. So müssen die Pferde richtig mit den Zähnen mahlen und speicheln das Futter gut ein, was wiederum zu einer guten Verdauung beiträgt.

Und dann müssen wir noch einen Blick auf die Fütterungstechnik werfen: Moderne Technik wie Heustationen oder Futterautomaten sollen dafür sorgen, dass jedes Pferd kontrolliert bekommt, was es wirklich benötigt. Grundsätzlich bin ich ein technikaffiner Mensch, jedoch bin ich bei diesen Automaten etwas vorsichtig. Eine verzweifelte Pferdebesitzerin schilderte mir mal, dass sich ihr Wallach nicht in die Futterstation seines Stalls wagt. Im Training konnte ich das Problem ermitteln: Das Pferd fürchtete sich vor engen Räumen und den eigenartigen Geräuschen des Futterautomaten. Andere Pferde stressen die kurz getakteten Fütterungszeiten oder weil der nächste Kandidat schon von hinten drängelt.

bekommen. Das sollte für jeden Stallbetreiber selbstverständlich sein. Regelmäßig aber berichten mir Kunden, dass ihre Pferde nur exakt abgezählte Halme in die Raufe bekommen – und davon oft viel zu wenig. Dabei ist es doch mittlerweile landläufig bekannt, dass zu wenig und/oder schlechtes Heu Pferde stresst und sich aufs Allgemeinbefinden niederschlägt.

Dass zu viel Hafer dagegen sticht, weiß sogar meine kleine Nichte. Der Grund: Zu viel Hafer lässt den Blutzuckerspiegel in die Höhe schnellen. Viele Pferde werden dadurch lebhafter. Auch extrem zuckerhaltige Müslis können den Charakter des Pferds im wahrsten Wortsinn verderben. Manchmal sind überdrehte Pferde einfach nur das Ergebnis einer falschen Fütterung.

PACK DEINE SIEBEN SACHEN! WIR ZIEHEN UM!

Ob sich Dein Pferd in seinem Stall und mit der Fütterung wohlfühlt oder es ihm damit nicht gut geht, zeigt es Dir ganz genau:

<u>Boxenhaltung:</u> Manche Pferde sind auffällig unruhig beim Putzen oder buckeln beim Warmreiten einfach mal los. Andere Pferde kommen mit der Situation gar nicht klar und zeigen bereits in der Box deutlich, dass ihnen die Situation so gar nicht passt: Kreislaufen, Tritte gegen die Stallwände, Zähnewetzen an Gitterstäben, exzessives Lippenlecken oder Gähnen ohne Grund sind zum Beispiel typische Signale, wenn es Deinem Pferd nicht gut geht. Im schlimmsten Fall entwickeln Pferde Stereotypien wie Koppen, Weben und Boxenlaufen.

In **Offenställen** muss man oft ein wenig genauer hinschauen. Pferde, die sehr ruhig wirken und von ihren Besitzern als »faul« oder »stur« beschrieben werden, können auch einfach ausgebrannt sein. Sie fühlen sich in ihrem Umfeld nicht wohl und sind gefrustet. Andere Pferde suchen permanent nach Streit. Ob Täter oder Opfer: Außenseiter kommen selten an Futter, Wasser und genügend Schlaf. Sie magern ab, reagieren je nach Typ mit Apathie, Aggression oder Angst.

Je länger ein Pferd in einer unpassenden Umgebung lebt, umso schlechter geht es ihm. Sein Körper funkt Daueralarm. Das macht krank. Kranke Pferde wiederum mucken beim Umgang und Training – je nach Persönlichkeit mal mehr, mal weniger.

Allerdings muss man sagen, dass die meisten stall- oder fütterungsbedingten Probleme nicht von heute auf morgen auftreten. Das ist oft ein schleichender Prozess. Unglückliche Pferde versuchen sich anfangs gerne mit anderen Dingen wie Holzknabbern abzulenken. Das wird oft als Unart abgetan, sollte aber ernst genommen werden.

Doch Vorsicht: Nicht jedes aggressive Pferd oder jedes als Dickschädel bezeichnete Tier leidet unter Haltung und Fütterung. Das ist nur ein mögliches Puzzleteil bei der Ursachenforschung.

Ein koppendes Pferd.

Haflinger gelten als stur. Ausnahmen bestätigen jedoch immer wieder die Regel.

Neben Haltung und Fütterung gibt es noch viele weitere mögliche Auslöser für unerwünschte Verhaltensweisen. Wichtig bei der Analyse ist auch, einen genauen Blick auf den **Charakter** und den **Körperbau** des Pferds zu werfen.

<u>Charakter:</u> Manche Pferde neigen verstärkt zu Überreaktionen wie beispielsweise Araber; Haflinger gelten als stur. Jede Rasse hat irgendwo ihre individuellen Eigenschaften. Das lässt sich immer wieder beobachten. Ausnahmen bestätigen jedoch die Regel.

Araberstute Emmy von meinem Filmprojekt DIE DREI.

Bei der Suche nach der Ursache des Problems sollte man daher unbedingt die rassespezifischen Charaktereigenschaften sowie die individuelle Persönlichkeit des Pferds berücksichtigen. Es kann ja durchaus sein, dass ein Pferd ein schwieriges Verhalten an den Tag legt, weil es vom Kopf her nicht anders kann.

Ein Beispiel: Von Natur aus temperamentvolle Pferde fallen bei der Boxenhaltung überdurchschnittlich oft durch aggressive oder teilweise auch Aufmerksamkeit fordernde Verhaltensweisen wie Schlagen gegen die Boxentür auf.

<u>Körperbau:</u> Auch das Exterieur spielt eine wichtige Rolle. Manchen Pferden ist es rein anatomisch nicht möglich, gewisse

Kapitel 2 WO LIEGT DAS PROBLEM?

Vor Trainingsbeginn analysiere ich bei jedem Pferd ganz genau das Exterieur.

Leistungen zu erbringen, die der Reiter von ihnen fordert. Ein Beispiel: Meine Mustang-Stute Röschen hat einen relativ tief angesetzten Hals. Dadurch fällt es ihr von Natur aus schwerer, in Aufrichtung zu gehen. Das kostet sie anatomisch bedingt einfach Kraft und Mühe. Angenommen ich hätte sie in der Grundausbildung, also zu dem Zeitpunkt als sie noch nicht so viel Routine und Kraft hatte, über einen längeren Zeitraum in Aufrichtung geritten, hätte das wahrscheinlich zu fiesen Verspannungen im ganzen Pferd geführt. Mit Sicherheit hätte sie dagegen irgendwann rebelliert.

Mit Rebellieren meine ich Abwehrreaktionen wie Schweifschlagen, Kopfschlagen oder Bocken.

Was mir in der Praxis auffällt: Fälschlicherweise »überreiten« viele Reiter diese Symptome. Das »Nicht-Können« wird als Ungehorsam abgetan und nicht als ein Zeichen der Not. Stattdessen übt man die Lektion eben noch mal und noch mal und noch mal, bis das Pferd gar nicht mehr kann und dann komplett die Arbeit verweigert, oder die Pferde mit der Zeit einfach von der Muskulatur her immer schlechter aussehen. Ich schaue mir daher grundsätzlich bei jedem Pferd vor dem Beginn des Trainings den Körperbau genau an, analysiere die Stärken und Schwächen des Exterieurs und wäge ab, was mit dem Pferd möglich ist und was nicht. Ich finde das sehr wichtig, denn sonst setzt man sich möglicherweise die falschen Ziele und ist am Ende ganz enttäuscht, wenn das Pferd nicht das leistet, was man sich erträumt hat – ganz zu Schweigen von dem Schaden, den man dem Pferd mit einem nicht-adäquaten Training zufügt.

Bitte verstehe mich nicht falsch: Wenn man sich das Gebäude eines Pferds genauer anschaut, macht es das Pferd nicht besser oder schlechter. Ich schaue einfach, wie ich dem jeweiligen Pferd mit seinem Exterieur bestmöglich helfen kann und wie ich es abholen kann, so dass es beim Training nicht den Spaß und die Freude verliert.

Ein ganz wichtiger Punkt bei der Ursachenforschung ist auch das Thema **Schmerzen**.

<u>Schmerzen</u> können zum einen durch Krankheit wie ein entzündetes Ohr, durch unpassendes Equipment oder beispielsweise durch den Reiter, der zu heftig am Zügel zieht, verursacht werden. Das Pferd zeigt, dass ihm etwas wehtut, indem es beispielsweise den Kopf schüttelt, wenn ihm das Ohr schmerzt, indem es steigt, wenn der Sattel im Rücken zwickt, oder indem es bereits beim Trensen den Kopf hochreißt, um nicht das Gebiss ins Maul nehmen zu müssen.

Grundsätzlich empfehle ich daher, jedes Pferd, das Mühe mit etwas hat, zunächst von einem Tierarzt durchchecken und gegebenenfalls behandeln zu lassen. Wenn nötig, solltest Du zusätzlich einen Osteopathen, Physiotherapeuten, Zahnspezialisten, Hufschmied oder anderen Experten rufen. Außerdem würde ich die Passform vom Equipment wie Sattel, Trense und Kappzaum von einem Profi prüfen lassen.

Bailey ist normalerweise ein liebes und feines Pferd, aber wehe, es nimmt jemand zu stark die Zügel an. Dann zeigt sie deutlich, dass ihr das nicht gefällt.

WIE ERKENNE ICH, OB MEIN PFERD SCHMERZEN HAT?

— Ungewöhnliche Körperhaltung
— Ungewöhnlicher Bewegungsablauf wie steifer Gang
— Scharren oder treten gegen den Bauch
— Unruhe
— Wälzen
— Rastlosigkeit
— Entlastungshaltung der Beine
— Unsicherer Stand
— Vermehrtes Liegen
— Wesensveränderung: Teilnahmslosigkeit, Aggressivität
— Appetitlosigkeit
— Schwitzen
— Schmerzgesicht: stumpfer/abwesender Blick, glasig wirkende Augen, Wegfall des Ohrenspiels, nach unten-hinten gerichtete Ohrmuscheln, angespannte Nüstern, zusammengepresstes Maul mit deutlich hervortretendem »Kinn«, deutlich hervortretende Kaumuskulatur, verstärkte Muskelspannung im Augenbereich, verengter Lidspalt
— Widersetzlichkeit beim Umgang, Satteln und im Training wie Schnappen, Buckeln oder Kopfschlagen
— Aggressivität, Zähneknirschen, Leerkauen
— Ausweichbewegungen beim Abtasten
— Abmagerung
— Muskelschwund

Auch <u>Angst</u> kann eine mögliche Ursache des unerwünschten Verhaltens sein. Angst wiederum kann durch viele Dinge ausgelöst werden. Ein Beispiel: Pferde sind von Natur aus Fluchttiere. Schreckhaftigkeit und plötzliches Losstürmen sind grundsätzlich angeborene und natürliche Verhaltensweisen. So haben Pferde sich über Millionen von Jahren vor Raubtieren in Sicherheit gebracht und überlebt. Heute gibt es zwar keine Säbelzahntiger mehr in unseren Wäldern, aber die Reaktion der Pferde auf potentielle Gefahr ist geblieben. Bei einem Pferd ist dieses »Urverhalten« stärker, beim anderen schwächer ausgeprägt.

Scheut ein Pferd im Gelände und geht durch, kann das für Mensch und Pferd sehr gefährlich werden. Stell Dir vor, der Reiter stürzt und das Pferd galoppiert ungebremst auf eine befahrene Straße. In diesem Moment stellt das Verhalten des Pferds ein großes Problem für das Tier selbst, den Reiter sowie die anderen Teilnehmer des Straßenverkehrs dar.

Andere Pferde sind so ängstlich, dass es unmöglich ist, mit ihnen ins Gelände zu gehen. Sie kleben so sehr an ihrem Stallkumpel, der im Auslauf zurückbleibt. Auch das gilt als ein problematisches Verhalten.

Darüber hinaus kann beispielsweise Überforderung Ängste schüren und letztendlich zu einem problematischen Verhalten führen. Diesen Punkt finde ich sehr wichtig, weil er häufig unterschätzt wird. So mancher Reiter fordert von seinem Pferd einfach zu viel bis das Pferd irgendwann völlig ausgebrannt ist. Wenn ich solchen Pferden ins Gesicht schaue, zerbricht es mir fast das Herz. Wie kann man das einem Lebewesen nur antun?

Vermissen Pferde im Gelände ihre Artgenossen, werden viele unruhig.

WIE ERKENNE ICH, OB MEIN PFERD ANGST HAT?

— Mimik: angespanntes Maul, verlängerte Oberlippe, geweitete Nüstern, man sieht das »Weiß« im Auge, Ohren nach hinten-unten gerichtet
— Körperhaltung: Verspannungen, eingeklemmter Schweif, nervöse Bewegungen, erhobener Kopf
— Weitere Kennzeichen: Schwitzen, erhöhte Puls- und Atemfrequenz, häufiger Kotabsatz

Araberstute Emmy hat plötzlich Sorgen. Die muss ich als Reiter wahrnehmen und darauf entsprechend eingehen.

Kapitel 2 — WO LIEGT DAS PROBLEM?

Bailey spürt ganz genau wie es mir geht. Bei diesem Spaziergang waren wir beide total entspannt.

Auch der <u>Mensch</u> kann die Ursache für das unerwünschte Verhalten seines Pferds sein. »Was? Ich? Niemals! Mein Pferd hat doch das Problem, Yvonne«, wirst Du vielleicht jetzt sagen. Ganz so einfach kommt der Reiter bei mir leider nicht davon. So leid es mir auch tut, aber wir müssen zum Wohle der Pferde auch unser eigenes Verhalten selbstkritisch hinterfragen und am besten von einem Profi beurteilen lassen. Das Problem hängt oft am anderen Ende der Leine.

Und da knüpfe ich gleich an das Thema Angst an, von der wir es auf den vorigen Seiten hatten: Meiner Erfahrung nach haben Pferde vor machen Dingen nur Angst, weil sich die Unsicherheit oder Angespanntheit des Besitzers auf sie überträgt. Dieses Verhalten kann das Tier bestärken, dass es sich tatsächlich um eine gefährliche Situation handelt und sein Verhalten genau richtig ist.

Ein anderer wichtiger Punkt: Man sagt, das Pferd sei der Spiegel des Menschen. Dem stimme ich total zu. Steige ich genervt, schlecht gelaunt oder nervös in den Sattel, übertragen sich meine Emotionen unter Umständen aufs Pferd und es reagiert darauf. Es gibt Tiere, die nehmen sich meine Gefühle eher zu Herzen als andere. Das ist von Pferd zu Pferd sehr unterschiedlich.

Meine Mustang-Stute Röschen spürt beispielsweise ganz genau, wenn es mir nicht gut geht und wird dann unsicher. Sie ist ein Pferd, das ständig die Versicherung des Menschen braucht, dass alles in Ordnung ist. Kann ich ihr dieses Gefühl nicht vermitteln, gelingen bereits die einfachsten Sachen nicht. Meine Bailey hingegen geht mit mir durch Dick und Dünn, selbst wenn ich Bauchgrummeln habe wie beispielsweise vor einer Stunt-Show. Da hab ich einfach Lampenfieber! Bailey aber geht souverän in die Arena und macht ihren Job. Das gibt mir dann wiederum Sicherheit, meine Anspannung löst sich und ich kann die Show mit ihr richtig genießen.

Ein anderes Problem von uns Menschen: Nicht selten verstärken wir unbewusst noch das unerwünschte Verhalten des Pferds, indem wir es dafür belohnen. Denn was wir als beruhigenden Zuspruch ansehen, wird vom Pferd oftmals als positive Bestärkung aufgefasst. Ein Beispiel: Das Pferd zappelt am Putzplatz. Um das Tier zu beruhigen, holt der Besitzer einen Eimer mit Kraftfutter und lässt das Pferd fressen. Viele Pferde lernen ganz schnell, dass es sich lohnt zu zappeln, denn dafür gibt es etwas Leckeres. Andere Pferde brauchen nichts zum Fressen, sie sind lediglich auf die Aufmerksamkeit des Menschen aus. Also scharren sie, denn dann kommt Frauchen/Herrchen und schenkt ihnen Beachtung. Achtung: Auch Schimpfen empfinden manche Pferde als puren Aufmerksamkeits-Kick.

Besonders aufschlussreich ist die Analyse der Beziehung zwischen Pferd und Mensch. Welches Verhältnis die beiden zueinander haben, erkenne ich oft schon, wenn der Besitzer das Pferd aus dem Anhänger holt und es die ersten Meter über meinen Hof führt. Ich achte beispielsweise darauf, ob das Pferd höflich ist, ob es seinem Besitzer trotz der neuen Umgebung zuhört und ob es ihm vertraut. Erkennt das Pferd den Menschen nicht als eine Führungsperson an, kann das Schwierigkeiten mit sich bringen wie beispielsweise »Das Pferd lässt sich auf der Weide nicht einfangen« oder »Das Pferd versucht beim Longieren nach mir zu treten«.

Andere Probleme wurzeln darin, dass wir unseren Wunsch gegenüber dem Pferd einfach nicht klar und deutlich formulieren oder dabei unbewusst Fehler machen und das Pferd gar nicht so recht weiß, was es jetzt eigentlich tun soll. Ob am Boden oder im Sattel, Verständigungsprobleme zwischen Mensch und Tier sind eine sehr weit verbreitete Ursache von unerwünschten Verhaltensweisen. Die gute Nachricht: Der Mensch kann lernen, wie er es besser machen kann.

Eine weitere mögliche Ursache: Der Mensch langweilt das Pferd mit seinem Trainingsprogramm. Manche Pferde entwickeln problematische Verhaltensweisen, wenn sie beispielsweise immer und immer wieder ein und dieselbe Übung abspulen sollen wie ständig Achten um Pylonen gehen oder Ähnliches. Besonders intelligente Pferde werden mit einem monotonen Übungsprogramm unterfordert und wehren sich dagegen, wenn das buchstäbliche Fass übergelaufen ist.

Bell und ich im Gelände. Neben dem Training in der Bahn, gehören Ausritte zu unserem Alltag.

Oder beim Ausreiten: Der Reiter möchte eine ruhige Schrittrunde durchs Gelände zockeln, aber das Pferd will Action. Es kommt zu einem inneren Konflikt, der sogar irgendwann darin münden kann, dass sich das Pferd nicht mehr satteln lassen will, weil es auf einen öden Ausritt keine Lust hat. Auf diese Ursache muss man erst mal kommen, wenn der Kunde mir das Pferd vorstellt und sagt, dass es beim Satteln zickt! Wie Du siehst, kann die Suche nach der Ursache manchmal ganz schön knifflig sein ...

Auch eine mangelhafte Grunderziehung kann zu Schwierigkeiten führen. Dieses Thema ist wichtig, deswegen habe ich darüber ein ganzes Kapitel geschrieben: Kapitel 4.

DIE DREI HÄUFIGSTEN BEZIEHUNGSKILLER
ZWISCHEN REITER UND PFERD

1. Ungerechte Behandlung:
Falls Du einen stressigen Tag im Büro hattest und mies gelaunt bist, lass es bitte nicht an Deinem Pferd aus.

Nimm Dir ein Beispiel an den Tieren: Sie sind selten schlecht drauf und schon gar nicht nachtragend. Außerdem kann Dein Pferd nichts dafür. Statt jetzt noch schwierige Lektionen durchzupauken, würde ich an solch einem Tag lieber etwas Unkompliziertes mit dem Pferd machen und sei es nur ein kurzer Spaziergang. Nutze die Zeit, um zu entspannen und neue Kraft zu tanken.

2. Überforderung:
Du bist dafür verantwortlich, mit den Fähigkeiten und den Kräften Deines Pferds fair umzugehen. Stell Deinen eigenen Ehrgeiz nicht über die Leistungsfähigkeit Deines Pferds. Viele Reiter verlangen einfach zu viel von ihren Pferden. Das geht auf Kosten der Partnerschaft und Gesundheit des Tiers – und führt langfristig zu handfesten Problemen.

3. Unterwerfung:
In vielen Köpfen spukt immer noch die Vorstellung davon, dass man sein Pferd beherrschen müsse. Ob eine direkte Gewalteinwirkung oder das Gefügigmachen durch Methoden wie die Rollkur, all das hat meiner Meinung nach nichts bei der Ausbildung von Pferden verloren. Es gibt durchaus Kandidaten, die mal eine etwas deutliche Ansage brauchen, aber ich möchte nicht, dass sich mein Pferd mir unterwirft. Ich möchte das Pferd als einen zufriedenen Partner an meiner Seite haben. Dem tut man keine Gewalt an. Punkt.

Wie Du merkst, ist die Liste der Ursachen fast mindestens so lang, wie die Liste möglicher Schwierigkeiten mit Pferden. In diesem Kapitel habe ich Dir beispielhaft wichtige Problemauslöser aufgelistet. Darüber hinaus gibt es aber noch sehr viele andere Ursachen. Ich weise deswegen darauf hin, weil ich Dich sensibilisieren möchte. Wenn Dein Pferd Mühe mit etwas hat, dann überlege bitte ganz genau, woran es liegen könnte, bevor Du irgendetwas ausprobierst. Ziehe alle Dinge in Erwägung, die Dir einfallen.

Wenn man sich die vielen von mir beispielhaft aufgeführten Ursachen so anschaut, hat zwar das Pferd Schwierigkeiten, aber fast immer hat der Mensch Schuld: WIR sperren das Pferd in eine Box ohne Kontakt zu Artgenossen, WIR bestimmen, was es zum Fressen gibt, WIR schnallen den zwickenden Sattel auf den Rücken des Pferds, WIR sind schlecht gelaunt im Stall, WIR sind nicht konsequent und souverän und so weiter. Okay, einzig für die ein oder andere Verletzung sind WIR nicht verantwortlich. Da hat sich das Pferd bildlich gesprochen selbst ein Bein gestellt.

Das ist ganz schön ernüchternd, wenn man sich diese Feststellung auf der Zunge zergehen lässt. Die gute Nachricht aber ist, dass auch WIR es sind, die alle Strippen in der Hand halten, um das Problem zu lösen. WIR können für unser Pferd einen neuen Stall suchen, WIR können ein neues Kraftfutter auswählen, WIR können uns um einen passenden Sattel kümmern, WIR können uns fortbilden – was für eine beruhigende Feststellung! WIR müssen es nur angehen.

Kapitel 3

VOM UMGANG MIT PROBLEMEN
ALLES EINE FRAGE DER EINSTELLUNG!

Und immer, wenn wir lachen, stirbt irgendwo ein Problem.

Ich liebe diesen Spruch!

Diejenigen, die mich von Euch kennen, wissen, dass ich gerne lache und das Leben genieße. Selbst beim größten Chaos um mich herum oder dem größten Kummer in mir, sieht man mich dennoch immer wieder lachen. Das mache ich nicht bewusst, um eine Fassade aufrecht zu erhalten oder Probleme zu verdrängen, sondern weil ich von Natur aus einfach ein positiv gestimmter Mensch bin.

Klar mache ich mir auch Sorgen, aber so aussichtslos die Situation auch scheint, ich sehe immer irgendwo einen Funken Hoffnung. Das gibt mir Mut und lässt mich zuversichtlich bleiben. Für diese Eigenschaft bin ich dankbar und ich weiß, dass das nicht selbstverständlich ist. Viele Menschen können das nicht. Geht es dem Pferd schlecht, geht es ihnen auch nicht gut. Unter Umständen sehen sie in diesem Zustand den sprichwörtlichen Wald vor lauter Bäumen nicht mehr und kommen gar nicht auf einen vernünftigen Lösungsansatz. Oder das Pferd macht Probleme und sie verlieren die Nerven. Manche schreien dann das Pferd an oder werden sogar handgreiflich. Ich bin überzeugt, dass diese Reaktion bei den meisten Menschen nicht direkt gegen das Pferd gerichtet ist. Sie tun es, weil sie sich nicht anders zu helfen wissen und möglicherweise auch tief im Herzen verzweifelt sind. Doch Vorsicht: Das Pferd spürt ganz genau, was sich in unserem Kopf abspielt. Aus Sicht des Pferdes sind wir unter diesen Umständen noch weniger Anführer als vorher. Es ist verunsichert. Das kann das Problem verschlimmern.

Ich kann die Sorgen und die Reaktionen vieler Reiter durchaus nachvollziehen, aber ich kann sie nicht gutheißen. Man darf das Problem nicht als den großen, unbezwingbaren Berg vor sich sehen oder sich darüber aufregen. Beim Umgang mit Pferden muss man einfach enorm darauf achten, was man nach außen ausstrahlt.

Vanni, eine sehr gute Freundin, hat mal zu mir gesagt: »Wer Scheiße denkt, zieht auch Scheiße an.« Der Spruch ist natürlich etwas derb, aber er ist so wahr! Ich finde die innere Einstellung vom Reiter zum Problem wichtig. Wer schon mit der Haltung ins Training geht, dass das heute eh nicht klappen wird, der wird auch sein Pferd nicht gut überzeugen können. Darüber hinaus haben negative Emotionen wie Sorgen, Wut und Zorn im Pferdestall nichts verloren. Sie tragen nichts Produktives zur Lösung bei und sollten daher lieber andernorts »entladen« werden.

Positive Emotionen und Gedanken machen uns hingegen leistungsfähiger. Das hilft uns beim Training mit Pferden. Wer sich vorstellt, wie er es gerne hätte, und eben nicht, was er nicht will, wird mehr Erfolge verzeichnen. Davon bin ich nicht nur fest überzeugt, sondern das belegen auch wissenschaftliche Studien.

Ich persönlich sehe zudem ein Problem nicht als ein Problem an, sondern als eine Herausforderung, die es zu lösen gilt. Und bei Herausforderungen besteht auch immer die Möglichkeit, etwas dazu zu lernen – wie wunderbar! Stell Dir die Herausforderung wie das Zahlenspiel Sudoku oder ein anderes Quiz vor. Die Lösung liegt nicht immer gleich offensichtlich auf der Hand. Man muss unter Umständen viel grübeln und vielleicht auch mal jemanden um Rat fragen. Ein sehr schwieriges Sudoku bekommt man auch manchmal nicht sofort gelöst. Das braucht Zeit.

Allein wenn Du es schaffst, das Problem nicht mehr als ein Problem, sondern als eine Herausforderung zu sehen, und wenn Du diese auch annimmst, so wie sie gerade ist, wird das Deinen Umgang mit dem Pferd und der Herausforderung zum Positiven verändern und vielleicht auch schon den ein oder anderen Knoten lösen, weil Du innerlich entspannter, zentrierter und gelassener bist. Das Pferd spürt das genau.

Bailey und ich haben viel Spaß zusammen.

Kapitel 4

PROBLEMEN VORBEUGEN
DIESE BASICS SOLLTE JEDES PFERD KÖNNEN

Wer den ersten Knopf verfehlt, kommt mit dem Zuknöpfen nicht zu Rande.

Johann Wolfgang von Goethe

In meiner täglichen Arbeit mit Menschen und ihren Pferden beobachte ich, dass es vor allem die kleinen Alltagsprobleme sind, wie beispielsweise »Mein Pferd rempelt beim Führen« oder »Mein Pferd bleibt beim Aufsteigen nicht ruhig stehen«, über die sich Reiter ärgern.

Die Basics sind mir sehr wichtig. Hier erkläre ich gerade einem Pferd, dass es rückwärts gehen soll.

Selten zerbrechen sich Reiter den Kopf über Dinge wie »Mein Pferd tritt mit den Hinterbeinen nicht weit unter den Schwerpunkt« oder »Das Pferd geht noch nicht so schön seitwärts«. Bei den beiden letztgenannten Problemen ist offensichtlich jedem Reiter klar: Das ist Übungssache!

Aber genau das ist auch der Knackpunkt bei den vermeintlichen Mini-Problemen im Alltag. Kein Pferd kommt schließlich perfekt erzogen auf die Welt. Die Erziehung müssen wir übernehmen. Und auch hier heißt es: Übung macht den Meister!

Eine gewisse Grunderziehung ist daher meiner Meinung nach das A und O bei der Ausbildung von Pferden. Wenn man einem jungen Pferd gleich von Anfang an solche grundsätzlichen Dinge wie ruhiges Stehenbleiben oder Rückwärtsgehen auf feine Signale sorgfältig beibringt, legt man eine richtig gute Basis für alles Weitere. Nebenbei stärkt man beim Üben solcher Basics auch die Partnerschaft zwischen Pferd und Mensch. Das Pferd lernt, den Menschen als einen kompetenten und vertrauensvollen Anführer anzuerkennen und ihm auch einen gewissen Respekt entgegenzubringen.

Ich sage immer: »Aus Erziehung wird Beziehung.«

Nicht zuletzt ist eine gute Grunderziehung sowie Partnerschaft die ideale Vorbeugung gegen hausgemachte Probleme, denn bei einer guten Erziehung entstehen viele Schwierigkeiten gar nicht erst.

Hierzu eine kleine Geschichte aus meinem Alltag:

Ein Reiter berichtet mir von seinem sechsjährigen Warmblut – ein sehr talentiertes Dressurpferd. Der Wallach lässt sich wunderbar reiten, hat wunderschöne Gänge und hat auf Turnieren schon viele Schleifen gewonnen. Nur am Boden macht das Tier Probleme: Der Wallach drängelt beim Führen. Das ärgert den Reiter sehr. »Die Leute auf dem Turnier gucken mich immer ganz komisch an«, berichtet er. Und vor ein paar Tagen stand ihm der Wallach auch noch auf dem Fuß – mit Hufeisen. Autsch! »In dem Alter muss das Pferd doch mal kapiert haben, wie man neben einem Menschen läuft«, sagt der Besitzer. An der Wortwahl merke ich, wie sehr ihn das Problem stört.

Nach und nach kristallisiert sich heraus, dass der Wallach das Führen in seinem ganzen Leben schlichtweg noch nie richtig gelernt hat. Bei Sportpferden kommt das leider häufiger vor als man denkt. Die Jungtiere sind bis zum Anreiten auf der Weide und es fehlen Muße sowie Zeit, sich mit den kleinen Rackern auseinanderzusetzen. Sobald die Pferde dann ins Training gehen, liegt der Fokus auf dem Reiten. Das Pferd soll ja schließlich später auf Turnieren glänzen. Wie es sich hingegen am Boden führen lässt, beeinflusst nicht die Wertnote.

Wie löst man das Problem des Dressurpferds jetzt? Ich habe dem Reiter offen gesprochen geraten, das Führen mit dem Wallach komplett neu zu erarbeiten – wie bei einem Jungpferd! Du kannst Dir sicher vorstellen, wie der Reiter darauf reagiert hat. Im ersten Moment war er nicht besonders begeistert von dem Gedanken, mit seinem Pferd das 1 x 1 der Bodenschule durchzukauen. Er hätte sich vermutlich lieber einen einfachen Trick von mir erhofft, der die Schwierigkeit von jetzt auf gleich abstellt, aber so funktioniert das bei mir leider nicht.

Letztendlich konnte ich den Reiter von meinem Lösungsweg überzeugen und ihm zeigen, auf was es beim Führen von Pferden ankommt. Der Mann setzte meine Tipps supergut um und das Pferd achtete von Training zu Training immer besser auf ihn. Es war wirklich toll, den beiden zuzuschauen. Der Reiter war happy – und letztendlich hat das Training ganz nebenbei auch Mensch und Tier zu einem Team zusammengebracht.

»Wer den ersten Knopf verfehlt, kommt mit dem Zuknöpfen nicht zu Rande«, schrieb einst der deutsche Dichter Johann Wolfgang von Goethe. Übertragen auf den Stall bedeutet das: Wenn Dein Pferd die einfachsten Dinge am Boden nicht beherrscht, brauchst Du streng genommen noch nicht einmal darüber nachzudenken, in den Sattel zu steigen. Die Wahrscheinlichkeit, dass Du und Dein Pferd beim Reiten Mühe habt, wenn das Fundament nicht stimmt, ist einfach sehr hoch. Darüber hinaus kann eine mangelnde Erziehung richtig gefährlich werden – für Dich, das Pferd

Zum Pferde-ABC gehört auch, dass sich das Tier überall gerne von mir berühren lässt.

und andere Personen. Man denke hier nur mal an ein Pferd, das beim Überqueren einer Straße nicht still am Rand stehen bleiben will und auf die Fahrbahn voller Autos tänzelt.

Wie sich der Wallach aus dem vorangegangenen Beispiel unterm Sattel verhalten hat, weiß ich offen gestanden nicht. Ich habe die beiden nur am Boden betreut. Auf jeden Fall ist es wichtig, eine sichere und gute Basis am Boden zu etablieren. Da erspart man sich viele Probleme. Klare Regeln sind stressfrei für Pferd und Mensch. Und ich habe offen gesprochen auch immer das Gefühl, dass Pferde klare Regeln sehr gerne mögen. Das gibt ihnen vor allem eins: Sicherheit.

Aber auch zur Lösung von größeren Schwierigkeiten können einfache Basis-Übungen sehr hilfreich sein wie das folgende Beispiel zeigt:

Hin und wieder kommen Reiter zu mir, die mir von unerwünschten Verhaltensweisen berichten wie beispielsweise: »Mein Pferd geht im Gelände durch.« Das ist ihr Hauptanliegen. Dieses Problem möchten sie mit meiner Hilfe lösen. Beim ersten Kennenlernen von Pferd und Reiter sehe ich diese Schwierigkeit zwar auch, mir fällt aber beim Beobachten der beiden auf, dass bereits beim ganz alltäglichen Umgang am Boden Defizite in der Grunderziehung vorliegen. Es scheitert oft schon an den einfachen Dingen wie einem ruhigen Stehenbleiben am Putzplatz oder artigen Führen. Den Reitern ist das meist gar nicht so bewusst, wenn ich sie darauf hinweise.

Auch diesen Reitern rate ich, zunächst die Defizite am Boden zu beheben, bevor man sich dem eigentlichen Problem widmet, weswegen sie mich angerufen haben. Ich bin von diesem Weg absolut überzeugt: Auch wenn man sich dabei möglicherweise blöd vorkommt, weil die Übungen so vermeintlich simpel sind, man muss mit seinem Pferd unter Umständen manchmal komplett zurück auf Start, wenn man Schwierigkeiten nachhaltig in den Griff bekommen möchte.

Auf der anderen Seite kann ich natürlich nachvollziehen, wie man sich als Reiter dabei fühlt. Aber falscher Stolz hat an dieser Stelle keinerlei Berechtigung. Es geht schließlich um ein Lebewesen, für das man verantwortlich ist. Vielleicht hilft es, wenn man sich einfach klarmacht, dass es keinen Rückschritt bedeutet, wenn man mit seinem Pferd heute mal keine fliegenden Galoppwechsel oder andere schwierige Dinge trainiert, sondern vermeintlich simples Führtraining mit ihm macht. Deswegen ist man ja kein besserer oder schlechterer Reiter, dafür wächst man aber mit seinem Pferd zu einem echten Team zusammen. Das wiederum kann sogar dazu führen, dass ganz nebenbei das »Hauptproblem« abschwächt oder im besten Fall sogar ganz verschwindet, ohne dass man daran explizit gearbeitet hat. Das kann einfach aus dem Grund heraus passieren, weil Pferd und Mensch plötzlich einen besseren Umgang miteinander pflegen. Allein das kann vieles zum Positiven bewirken.

Lange Rede, kurzer Sinn. Welche Erziehungs-Basics sind mir bei Pferden wichtig? Hier kommen meine zehn wichtigsten Übungen, die jedes Pferd können sollte:

1. Berührungen vom Menschen am ganzen Körper akzeptieren
2. Höfliches Halftern
3. Stillstehen (beispielsweise am Putzplatz)
4. Hufe geben
5. Mit der Hinterhand weichen
6. Mit der Vorhand weichen
7. Führen am durchhängenden Strick
8. Anhalten
9. Rückwärts gehen
10. Longieren einer liegenden Acht

Wie sieht es mit der Grunderziehung bei Deinem Pferd aus? Auf den folgenden Seiten findest Du Erklärungen zu den jeweiligen Punkten. Diese kannst Du entweder als Test ansehen, um herauszufinden, wie gut das Fundament Deines Pferds ist, oder Du kannst die Trainingsanleitungen nutzen, um Defizite bei der Grunderziehung auszugleichen.

ACHTUNG!

Eine gute Erziehung kann jedoch nicht bei jedem problematischen Verhalten Wunder bewirken. Haltungsmängel, Gesundheitsbeschwerden oder Schmerzen beispielsweise durch einen unpassenden Sattel lösen sich durch das Pauken vom ABC der Pferdeerziehung nicht in Luft auf. Solche Störfaktoren müssen aus der Welt geschaffen werden. Siehe dazu bitte Kapitel 2.

Meine Stute Bell mit einem Stallhalfter. Ob Halfter, Kappzaum oder Trense – die Ausrüstung muss passen.

Meine Stute Bailey mit einem gut sitzenden Kappzaum.

Bevor wir mit den Basis-Übungen starten, noch ein paar Worte zum Equipment fürs Training:

<u>Am Pferdekopf:</u> Ob Du lieber mit einem normalen Stallhalfter, einem Knotenhalfter oder einem Kappzaum arbeitest, ist im Prinzip egal. Hier die Vor- und Nachteile, die ich dazu ausgemacht habe:
— Ein Stallhalfter hat eine große Auflagefläche, wirkt somit sehr sanft, aber man kann damit nicht gezielt einwirken.
— Ein Knotenhalfter ist dünner und wirkt gezielter auf Nase und Genick. Dadurch können feinere Signale durchkommen, etwa ein leichtes Schütteln am Seil.
— Mein selbst entwickeltes Spezial-Halfter »Be Gentle« sieht ähnlich aus wie ein Knotenhalfter, ist aber dicker und aus Hanf. Mit dem Halfter kann man punktgenau einwirken und es eignet sich hervorragend für die Bodenarbeit. Weitere Infos dazu im Kasten unten.
— Mit einem Kappzaum kann man den Pferdekopf supergut kontrollieren und das Pferd schön stellen. Deswegen nutze ich einen Kappzaum beispielsweise für die gymnastizierende Bodenarbeit oder fürs Longieren. Ganz wichtig ist, dass der Kappzaum dem Pferd gut passt.

MEIN SPEZIAL-HALFTER »BE GENTLE«

Ich habe für die Bodenarbeit ein eigenes Halfter entwickelt. Das Halfter ähnelt einem Knotenhalfter, unterscheidet sich aber in diesen wichtigen Punkten:

Mein Spezial-Halfter »Be Gentle«

Das »Be Gentle«-Halfter ist aus Hanf und dicker als ein normales Knotenhalfter.

Das Halfter lässt sich unten am Pferdekopf individuell einstellen.

Auch die Länge des Genickstücks ist variabel.

— **Material:** Das Halfter ist aus Hanf. Ich persönlich mag Hanf sehr gerne. Dieses Naturmaterial besitzt eine gute Stabilität, lässt aber eine gewisse Bewegung zu, sprich es zieht sich bei Zug etwas auseinander und gibt so nach (aber nicht zu viel – einfach optimal!). Darüber hinaus wird das Material weder am Pferdekopf noch in den Händen des Menschen richtig heiß – auch nicht bei ruckartigen Bewegungen.
— **Stärke:** Das Halfter ist dicker als ein normales Knotenhalfter. Das habe ich bewusst so gewählt. Ich möchte, dass das Halfter nicht so »scharf« wie ein Knotenhalfter ist.
— **Knotenloser Verschluss:** Ich persönlich mag bei Knotenhalftern nicht, dass man sie zuknoten muss. Dafür habe ich schon zu viele falsch verschlossene Knotenhalfter gesehen. Mit dem Verschluss bei meinem »Be Gentle«-Halfter macht man es immer richtig.
— **Schön gepolstert:** Das Nasenteil ist gepolstert, sprich es kommt nicht zu viel Druck auf die empfindliche Pferdenase.

Ich arbeite mit dem »Be Gentle«-Halfter gerne. Es eignet sich grundsätzlich für alle Pferde, ich mache überdies gute Erfahrungen bei Pferden, die den Menschen gerne mal über den Haufen rennen oder auch wenn ich Tieren beibringe, als Handpferd mitzulaufen.

So wirkt das »Be Gentle«-Halfter: Grundsätzlich schmiegt das Halfter sich angenehm an den Pferdekopf und übt keinerlei Druck aus. Erst wenn sich das Pferd beispielsweise widersetzt, zieht das Halfter sich zusammen und baut so einen gewissen Druck aufs Pferd auf. Der Druck hört schlagartig auf, wenn das Tier nachgibt. Auf diese Weise kann ich sehr fein und gezielt einwirken und das Pferd wird sofort belohnt, wenn es richtig reagiert.

Alle Infos zum »Be Gentle«-Halfter gibt's direkt bei mir oder unter: www.doubledivideranch.de

<u>Der Strick:</u> Wie lang der Strick sein sollte, ist Geschmackssache. Ich empfehle Dir zunächst mit einem ganz normalen Führstrick zu üben, der gut zwei Meter lang ist. Später, wenn Du Dein Pferd auch aus einer etwas größeren Entfernung dirigieren willst, ist ein vier Meter langes Seil praktisch.

Achtung beim Training mit Kappzaum: Benutze am Kappzaum kleine, feine Karabiner wie man sie oft an Longen findet oder ein Seil mit Zügelsnaps aus dem Westernbedarf. Ein großer Panikhaken oder Bullsnap ist ungeeignet, weil er auf die empfindliche Pferdenase schlägt.

Der Strick sollte gut in der Hand liegen.

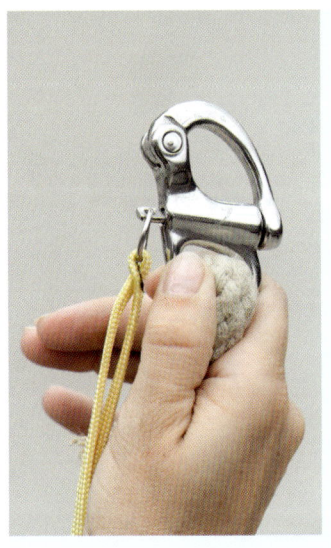

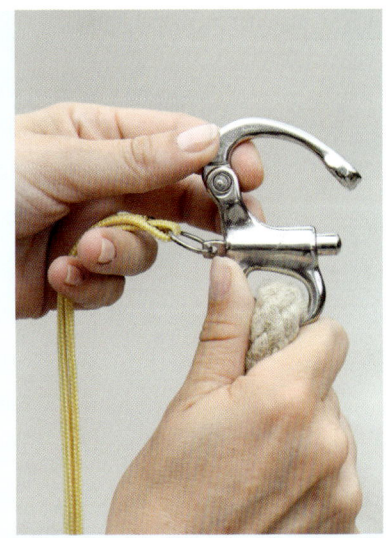

Der Haken ist geschlossen. Man muss nur an der seitlichen Schnur ziehen und schon öffnet sich der Haken.

MEIN SPEZIAL-STRICK
AUS HANF

Ich habe nicht nur ein eigenes Halfter entwickelt, sondern auch einen Strick, den man zum Führen, für die Bodenarbeit und die längere Version auch fürs Longieren nehmen kann. Dieser Strick hat zwei ganz wichtige Vorteile:

1. Der Strick ist aus Hanf. Das Material liegt nicht nur angenehm in den Händen, sondern es wird auch nicht heiß, beispielsweise wenn einem die Longe mal aus Versehen zu schnell durch die Hände gleitet. Darüber hinaus gibt das Material leicht nach. Ich persönlich finde das gut, denn Nylon ist mir immer zu starr und Baumwolle zu lasch. Hanf liegt von der Stabilität her dazwischen und lässt sich einfach prima handeln.

Mein Spezial-Strick mit Spezialhaken.

2. Das Seil hat einen besonderen Haken, mit dem ich Pferde sicher anbinden kann, weil ich das Pferd im Notfall – beispielsweise wenn es sich den Strick über den Kopf legt – sofort befreien kann. Das Problem bei Panikhaken, Sicherheitsknoten und Co. ist, dass diese Sicherheitsvorrichtungen im Ernstfall leider gerne mal versagen oder es zu lange dauert, das Pferd zu befreien. Ich habe daher nach einer Lösung gesucht und eine gefunden: Mein Spezialhaken lässt sich auch unter enormen Zugkräften im Nu öffnen. Man muss nur an einer Schnur ziehen und schon ist das Pferd frei.

Mein Spezial-Seil gibt es in unterschiedlichen Längen und Dicken.

Mehr Infos dazu findest Du auf meiner Homepage (Adresse siehe Seite 51).

Ich bevorzuge eine lange Dressurgerte.

<u>Hilfsmittel in der Hand:</u> Peitsche, Gerte und Stick sind nicht dazu gedacht, das Pferd damit zu strafen. Sie sind quasi nur der verlängerte Arm des Menschen. Man kann das Pferd damit aus der Ferne dirigieren oder es am Körper berühren. Ob Du für die Kommunikation mit Deinem Pferd einen Karottenstab, eine normale Gerte oder einen einfachen Ast benutzen möchtest, kannst Du selbst entscheiden.

Möglich ist auch, einfach das Seilende als verlängerten Arm zu nutzen, indem Du das Seil beispielsweise schwingst und so dem Pferd Signale gibst. Mit einer Gerte kannst Du jedoch gezielter und genauer einwirken, als mit einem schwingenden Seilende. Das Seilende hat aber ganz klar den Vorteil, dass Du eine Hand frei hast, wenn Du das Seilende gerade nicht benötigst. Ich selbst bevorzuge eine lange Dressurgerte oder das Seilende.

Ganz wichtig: Bei mir gibt es kein Schwarz-Weiß-Denken beim Equipment. Nichts ist grundsätzlich gut oder schlecht. Meine Hand kann das Pferd streicheln, sie kann es aber auch schlagen. So verhält es sich auch mit Gerte, Sporen und Co. Es kommt immer darauf an, was der Mensch daraus macht und wie er das Equipment einsetzt.

Basic-Übung 1
Berührungen am ganzen Körper akzeptieren

Streiche das Pferd mit Deiner Hand am ganzen Körper ab. Das Pferd bleibt dabei ruhig stehen und akzeptiert auch Berührungen an empfindlicheren Stellen wie Zahnfleisch, Ohren, Kopf und Beinen. Im besten Fall akzeptiert Dein Pferd nicht nur die Berührungen, sondern es genießt sie.

So geht's: Lass das Pferd als erstes an Deiner Hand schnuppern. Im übertragenen Sinne gibst Du so dem Pferd die Hand und sagst »Hallo«.

Im Anschluss stellst Du Dich auf Höhe der Pferdeschulter neben das Pferd. Drehe Deinen Körper etwas Richtung Pferdekopf oder Kruppe, so dass Du nicht frontal zum Pferd stehst. Das kann auf sensible Pferde bedrohlich wirken. Binde das Pferd für die Übung nicht an. Lass stattdessen den Strick locker hängen. Das Ende kannst Du über Deinen Arm legen.

Berühre das Pferd zunächst mit der Hand nur an der Schulter. An dieser Stelle akzeptieren die meisten Pferde das am besten. Angenommen, Du würdest das Pferd als erstes ganz unvermittelt an der Kruppe anfassen, kommt das bei vielen Pferden nicht gut an. Du benimmst Dich

Sag als erstes »Hallo« zu Deinem Pferd, indem Du es an Deiner Hand schnuppern lässt.

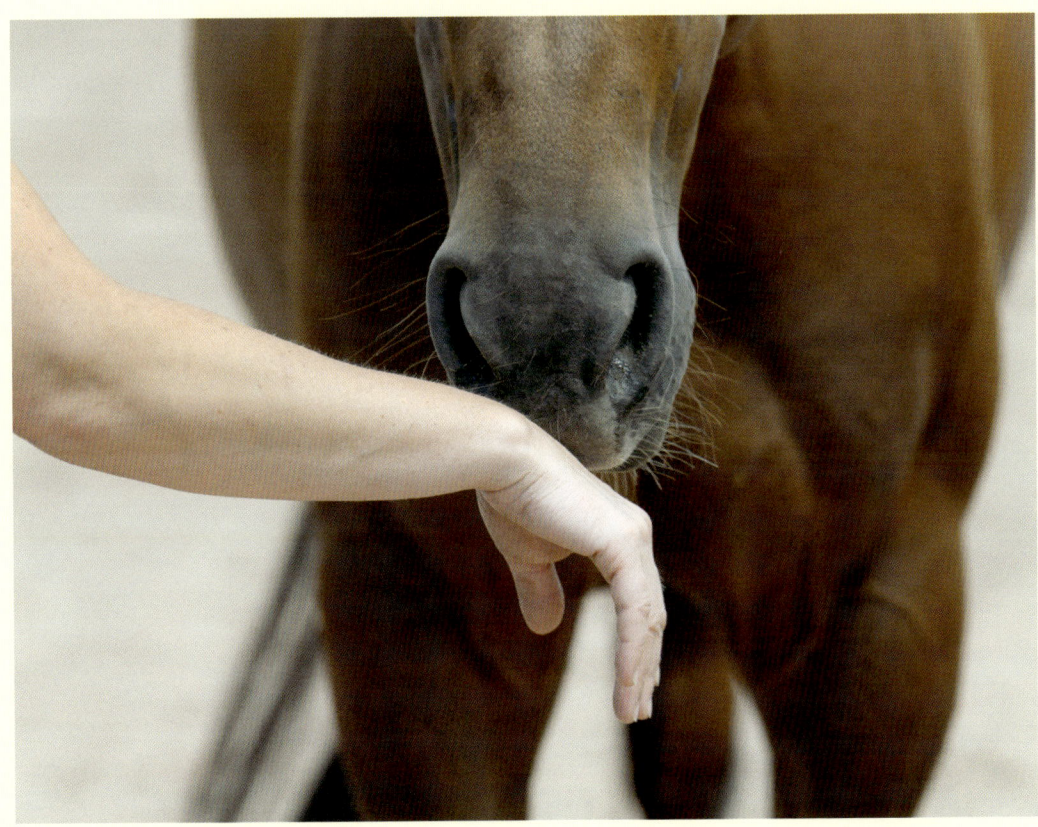

Kapitel 4   PROBLEMEN VORBEUGEN

Das Pferd sollte sich von Dir am ganzen Körper anfassen lassen – auch an den Ohren und am Zahnfleisch.

damit in den Augen des Tiers wie ein Elefant im Porzellanladen – in etwa so, wie wenn ich Dir »Hallo« sage und sofort meine Hand auf Deinen Po lege. Das wäre auch nicht sonderlich höflich, oder? Solche Annäherungsversuche macht man normalerweise Schritt für Schritt und stimmt sein Handeln immer auf das Verhalten des Gegenüber ab. Ich empfehle Dir, genau so auch bei Deinem Pferd vorzugehen.

Ist der Kontakt an der Schulter für Dein Pferd in Ordnung, tastest Du Dich über

Berühre das Pferd zunächst mit der Hand an der Schulter. Dort akzeptieren die meisten Pferde die Berührung am besten.

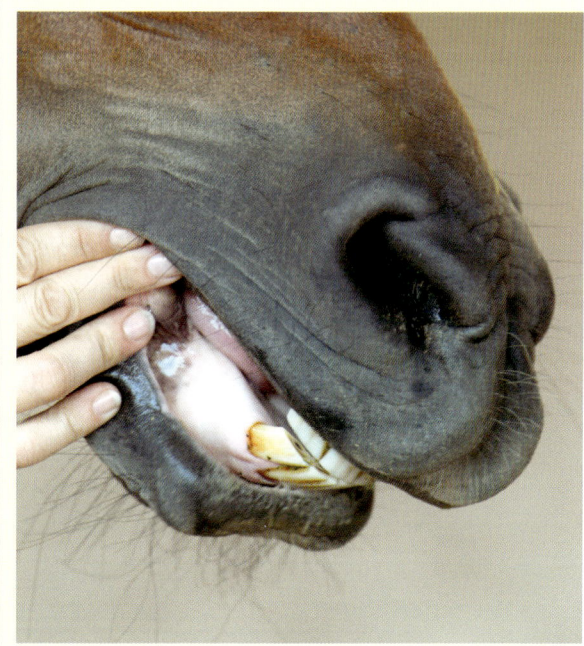

Kapitel 4 PROBLEMEN VORBEUGEN

Chex me liebt es, wenn ich sie am Widerrist kraule.

den Rücken/Bauch nach hinten zu Kruppe. Im Anschluss kannst Du Dich wieder nach vorne arbeiten und dann den Hals abstreichen. Danach folgen Gurtlage, Flanken sowie Vorderbeine. Erst zum Schluss – wenn das Pferd bereits Vertrauen zu Dir und den Berührungen hat – kommen Kopf und Hinterbeine dran.

TIPP FÜR DIE HINTERHAND

Bei fremden Pferden teste ich oft erst mit einem Strick, wie das Pferd reagiert, wenn etwas seine Hinterbeine berührt. Dazu lasse ich den Strick locker an die Hinterbeine pendeln. Sicher ist sicher.

Ich würde beim Abstreichen nicht zu zaghaft und auch nicht zu forsch vorgehen. Streiche das Pferd einfach ganz normal ab, so wie Du es sonst auch machen würdest.

Finde auch heraus, an welchen Stellen und mit welcher Intensität Dein Pferd besonders gern gestreichelt oder gekrault werden will. Diese Punkte bezeichne ich als Wohlfühlspots. Merke Dir diese Stellen. Diese Spots kannst Du später im Training immer wieder nutzen, um Deinem Pferd mitzuteilen, dass es etwas besonders gut gemacht hat, und Du kannst es darüber auch dazu bringen, dass es sich quasi auf Knopfdruck entspannt. Ein Beispiel: Röschen liebt es, am Widerrist gekrault zu werden. Wenn es nach ihr geht, könnte ich das stundenlang machen. Sie spitzt dann immer ganz süß die Oberlippe. Ich kraule sie an dieser Stelle zur Belohnung oder wenn ich merke, dass sie Sorgen hat. Das beruhig sie.

> Sollten **SCHWIERIGKEITEN** bei den Basis-Übungen auftreten, lohnt ein Blick in Kapitel 5. Hier findest Du Lösungsansätze für typische Herausforderungen.

Basic-Übung 2
Höfliches Halftern

Das Pferd senkt bereits auf ein feines Signal den Kopf, so dass Du das Halfter in einer für Dich angenehmen Höhe über den Kopf stülpen kannst. Der Pferdekopf bleibt während des Halfterns gesenkt und ruhig. So ist Halftern (und später auch das Trensen) stressfrei für Pferd und Mensch.

So geht's: Das Halftern sollte immer eine positive Erfahrung für das Pferd sein. Deswegen rate ich Dir, Dich vor jedem Halftern gut vorzubereiten. Das klingt lapidar, ist aber meiner Meinung nach wichtig. Ich lege dazu den Strick über meinen Arm; das Halfter halte ich in der Hand.

Schritt 1 – Kopf senken
Bringe Deinem Pferd zunächst bei, auf leichten Druck mit Deinen Fingern im Genick den Kopf zu senken. Stelle Dich dazu auf Höhe der Pferdeschulter neben das Pferd und fange dort an, das Pferd zu berühren. Arbeite dich langsam vor an

Araberstute Emmy gibt schon auf ganz leichten Druck im Genick nach und senkt den Kopf tief.

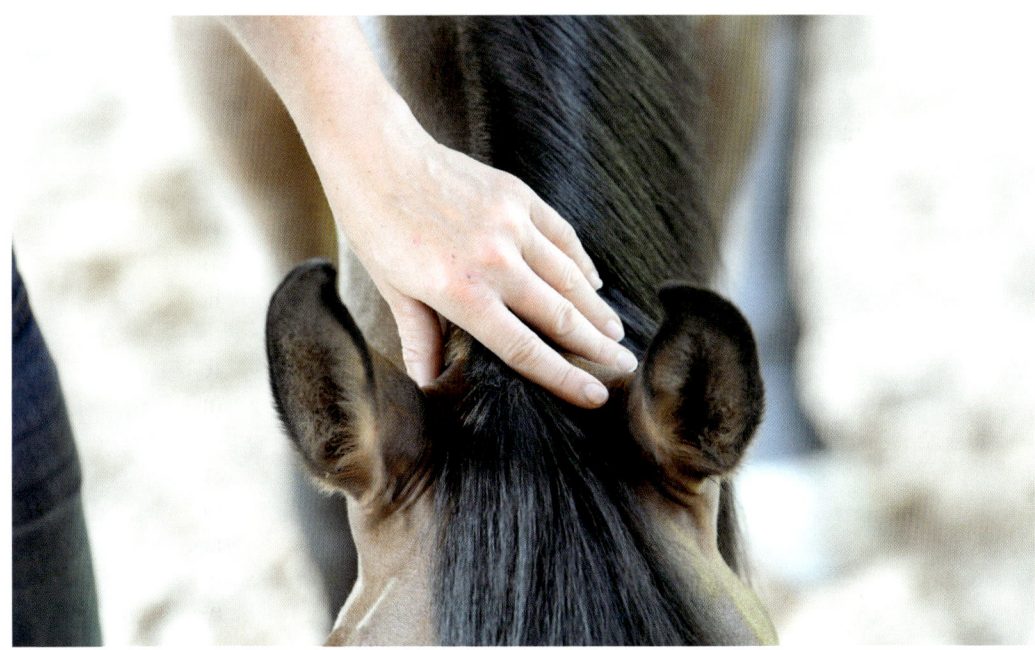

Quarter-Stute Bell schlüpft selbst ins Halfter.

die Ohren. Lege die Hand aufs Genick und frage das Pferd, den Kopf zu senken. Dazu baust Du mit Deinen Fingern leichten Druck auf und steigerst diesen, bis das Pferd den Kopf senkt und es ihn auf einer Position hält, von wo Du es ganz bequem halftern kannst.

Sollte das Pferd den Kopf wegziehen, wenn Deine Hand den Bereich hinter den Ohren berührt, sagt Dir das, dass Dein Pferd noch nicht die Berührungen am ganzen Körper akzeptiert (siehe Basic-Übung 1). Wichtig ist, sich hierbei vor Augen zu halten, dass das Pferd das nicht extra macht. Es hat einen Grund dafür. Ich würde Dir in diesem Fall raten, Basic-Übung 1 weiter zu verfolgen und das »Höfliche Halftern« hintenanzustellen. Denn diese Übung wird nicht klappen, wenn die Basic-Übung 1 nicht sitzt.

Schritt 2 – Halftern
Nimm die Hand vom Genick und stülpe das Halfter über die Pferdenase. Im Anschluss streichst Du das Halfter über die Ohren und verschließt es.

Glaub mir, es ist es definitiv wert, dass Du das Kopfsenken sowie Halftern ganz genau und gründlich übst. Lass Dir dafür so viel Zeit, wie es braucht, bis Dein Pferd ganz entspannt dabei bleibt. Das höfliche Halftern ist eine wichtige Basis – auch für später, wenn Du Dein Pferd trensen willst.

Basic-Übung 3
Stillstehen

Ob angebunden am Putzplatz oder freistehend mitten in der Reithalle, Dein Pferd bleibt ruhig stehen – egal, wie lange, und egal, was um es herum passiert. Ich finde es wichtig, dass Pferde auch mal einfach nur ganz ruhig stehen bleiben können. Stell Dir vor, Du hast so einen Zappelphilipp an der Hand und willst ihm etwas beibringen. Der hört Dir einfach nicht zu! In anderen Fällen ist Stillstehen überlebenswichtig: Angenommen, Du kommst mit Deinem Pferd an eine viel befahrene Straße. Statt ruhig zu warten, fängt Dein Pferd am Straßenrand an zu zappeln. Das bringt Dich, Dein Pferd sowie die Autofahrer in Gefahr. Auch für tierärztliche Untersuchungen ist das Stillstehen extrem wichtig. Und nicht zuletzt wird es der Hufschmied Deinem Pferd danken.

So geht's: Stehtraining ist schwierig und einfach zugleich. Schwierig, weil es Dir viel Konsequenz abverlangt; einfach, weil Du es zu jeder Zeit und an jedem beliebigen Ort üben kannst. Es hilft Deinem Pferd allerdings, wenn Du anfangs einen Ort zum Üben wählst, der dem Pferd vertraut ist, und wo es sich wohl fühlt.

Schritt 1 – Und haaalt!

Um Deinem Pferd das Stillstehen von der Pike auf beizubringen, musst Du dem Pony zuerst erklären, überhaupt auf ein Signal anzuhalten. Daher bringe ich meinen Pferden im ersten Schritt das Signal »Whoa« bei. Ob »Halt«, »Steh« oder »Whoa«, welches Wort Du als Kommando verwendest, ist völlig egal. Hauptsache es ist immer dasselbe Wort. Ich benutze »Whoa« und ziehe das Wort möglichst lang. Darüber hinaus senke ich meine Stimmlage. Das wirkt beruhigend und entschleunigend. So fahre ich automatisch auch meine Energie im Körper runter. Das überträgt sich wiederum aufs Pferd.

Gehe mit Deinem Pferd im Schritt los. Der Strick hängt durch. Schon nach ein paar Schritten stoppst Du das Pferd. Dazu gibst Du zuerst das Stimmsignal über zwei bis drei Schritte gezogen und fährst gleichzeitig die Energie in Deinem Körper runter. So bereitest Du das Pferd optimal aufs Anhalten vor. Dann bleibst Du stehen. Im besten Fall reagiert das Tier

sofort und hält an. Nach einer kurzen Pause (mit Lob!) läufst Du wieder los. Dann hältst Du wieder an und so weiter.

Übe das Anhalten im Schritt und Trab sowie an verschiedenen Orten und in unterschiedlichen Situationen. Steigere allmählich den Schwierigkeitsgrad.

Schritt 2 – Stillgestanden!

Klappt das Anhalten auf ein feines Signal, kannst Du jetzt längeres Stillstehen üben. Halte das Pferd an und verlängere von Tag zu Tag die Zeit, in der Dein Pferd nach dem Anhalten ruhig stehen bleiben soll. Fang an bei wenigen Sekunden und steigere Dich bis hin zu rund 30 Minuten.

Wenn ich im Training an die langen Stillsteh-Phasen mit meinen Pferden komme, nehme ich mir gerne einen Stuhl

Schritt 1: Und los geht's.

Schritt 2: Anhalten.

Pferd und Mensch chillen. So soll's sein.

zum Hinsetzen, unterhalte mich oder telefoniere. Ich möchte, dass mein Pferd nicht das Gefühl hat, dass ich es mit Adleraugen überwache, sondern eine Stehpause als etwas Angenehmes zu schätzen lernt. Es kann in dieser Zeit gerne völlig entspannen. Achte trotz der Gemütlichkeit oder Ablenkung durch Gespräche aufs Pferd und korrigiere es sofort, wenn es sich von seinem Stehplatz verdünnisiert, indem Du das Pferd wieder auf seinen Platz zurückschickst.

Mir persönlich ist beim Stehtraining darüber hinaus sehr wichtig, dass ich mich auch mal vom Pferd wegbewegen kann, ohne dass das Tier unruhig wird oder seinen Platz verlässt. Das übe ich so: Ich beginne mit sehr kurzen Abständen und Zeitfenstern. Erst entferne ich mich nur ganz kurz zirka einen halben Meter vom Pferd, dann laufe ich mal ums Pferd herum, dann gehe ich mal bis zur nächsten Wand und so weiter. Ich steigere den Schwierigkeitsgrad ganz allmählich. Ich sag Dir, mit dieser Übung verbesserst Du enorm die Gelassenheit Deines Pferds beim Stillstehen. Gleichzeitig verankerst Du das Kommando »Whoa« tief im Pferd.

Nach und nach übe ich das Stillstehen auch unter Ablenkung wie bei Pferdewechsel am Putzplatz, ein Auto fährt an der Reithalle vorbei, in der das Pferd in der Mitte steht, und so weiter. Der Kreativität sind hierbei keine Grenzen gesetzt. Hauptsache man passt das Schwierigkeitslevel ans Pferd an.

Ich binde Pferde gerne hoch an.

PFERDE SICHER ANBINDEN

Ich persönlich bekomme einen Herzinfarkt, wenn Pferde zu lang angebunden sind.
Ich kenne Pferde, die sich den Strick übers Genick gelegt haben, plötzlich erschrocken sind und daraufhin gestützt und sich tödlich verletzt haben. Mit zu langen Stricken ist nicht zu spaßen!

Mein Spezialhaken, mit dem ich jedes Pferd im Nu befreien kann.

Ich binde meine Pferde so an, dass sie angenehm stehen und sich umschauen können – nicht zu lang und nicht zu kurz. Als Knoten verwende ich einen ganz normalen Pferdeknoten.

Auch die Höhe, in der das Pferd angebunden ist, ist ein wichtiger Sicherheitsaspekt. Pferde, die ich nicht kenne oder die eher dazu neigen, sich selbst im kurzen Strick zu verheddern, binde ich gerne weiter oben an als üblich. Die Anbindevorrichtung befindet sich dabei oberhalb des Pferdekopfs. Diese Methode kenne ich von den Westerntrainern in den USA und Kanada, bei denen ich lernen durfte. So können die Pferde sich nicht »aufhängen«, sprich sich nicht den Strick übers Genick legen und darin verheddern.

Darüber hinaus verwende ich zum Anbinden gerne einen speziellen Haken, mit dem ich das Pferd im Notfall sofort befreien kann. Siehe Seite 51.

Spezialhaken hin oder her, ein absolutes No-Go ist für mich das Anbinden am Knotenhalfter. Selbst wenn das Pferd vorbildlich angebunden ist, kann immer etwas passieren, dass das Pferd in den Fluchtmodus versetzt. Beim Knotenhalfter besteht die Gefahr, dass sich die dünnen Schnüre ins Fleisch schneiden und am Kopf zu üblen Verletzungen führen.

Basic-Übung 4
Hufe geben

Das Pferd gibt willig auf Dein Stimmsignal einen Huf nach dem anderen und hält diesen jeweils so lange hoch, bis Du den Huf wieder absetzt.

So geht's: Ich stelle mich neben ein Pferdebein und gebe mit einem Hufkratzer oder einer Bürste Impulse aufs Horn. Zunächst tippe ich das Pferd nur ganz leicht an. Reagiert es nicht, verstärke ich

Mit einem Hufkratzer tippe ich das Pferd ganz leicht an.

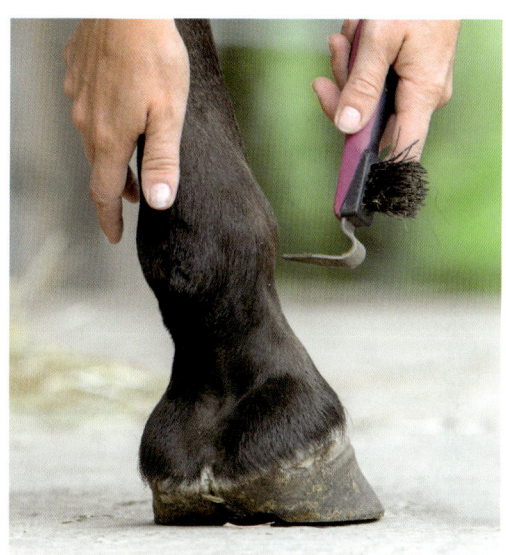

Die Hinterhand weichen lassen mit Gerte.

den Impuls, bis das Pferd seinen Huf anhebt. Dazu gebe ich das Stimmsignal »Huf«. Irgendwann haben die Pferde dieses Signal so verinnerlicht, dass sie den Huf schon aufs Stimm-Kommando geben. Da brauche ich dann keinen Hufkratzer oder keine Bürste mehr zum Antippen.

Basic-Übung 5
Mit der Hinterhand weichen

Das Pferd weicht mit seinen Hinterbeinen um die Vorhand und reagiert fein auf Deine Signale. Diese Übung ist super für den Alltag, beispielsweise wenn Du den Pferde-Po am Putzplatz von einer auf die andere Seite drehen willst oder wenn sich ein Pferd beim Führen versucht loszureißen. In diesem Moment kannst Du die Hinterhand des Pferds weichen lassen und das Tier dazu bringen, sich Dir zuzuwenden. So hast Du das Pferd wieder unter Kontrolle.

<u>So geht's:</u> Gehe neben das Pferd. Zeige mit dem Zeigefinger auf die Mitte der Hinterhand und fixiere mit Deinem Blick diese Stelle. Stell Dir dabei vor, wie Du das Pferd alleine durch Deine Körpersprache und Energie zur Seite weichen lässt. Reagiert das Pferd nicht auf diese feinen Signale, nimmst Du Dir eine Gerte oder das Strickende zur Hilfe:

— **Mit Gerte:** Zeig mit der Gertenspitze zur Mitte der Hinterhand. Reagiert das Pferd nicht, bewegst Du die Gerte auf und ab. Touchieren solltest Du das Pferd erst, wenn auch die Auf- und Abwärtsbewegung der Gerte ihm nicht imponiert.
— **Mit Seil:** Schwing das Seil neben Dir in der Luft. Lass es kreisen. Das Ende zeigt dabei Richtung Hinterhand des Pferds. Reagiert das Tier nicht auf diesen »Druck«, lässt Du das Seil schneller kreisen und näherst Dich mit dem Seil der Hinterhand. Letzte Aufforderung ans Pferd: Berühre das Tier mit dem Seil an der Hinterhand.

Anfangs ist es am einfachsten, das Weichen der Hinterhand an der Bande zu üben. Stell das Pferd mit dem Kopf zur Begrenzung. So kann es Dir nicht so leicht vorne weglaufen und Du hast es leichter zum Üben.

Klappt das, kannst Du den Schwierigkeitsgrad steigern und ohne Begrenzung vorne üben. Sollte das Pferd dann doch mal vorne weglaufen, statt mit der Hinterhand zu weichen, kannst Du am Führ-Seil schütteln, um das Pferd anzuhalten. Wer mit Kappzaum arbeitet, gibt feine Paraden. Sobald das Pferd wieder ruhig steht, startest Du einen neuen Versuch.

Basic-Übung 6
Mit der Vorhand weichen

Hinterhandweichen mit Seil.

Das Pferd weicht mit seinen Vorderbeinen um die Hinterhand und reagiert fein auf Deine Signale.

So geht's: Positioniere Dich seitlich und nah auf Hals-/Schulterhöhe des Pferds. Dann stellst Du den Pferdekopf leicht von Dir weg. Dazu legst Du Deine Hand an die Pferdewange und schiebst den Kopf etwas zur Seite. Um das Pferd jetzt noch zum Weichen mit den Vorderbeinen zu animieren, tippst Du es mit der Gerte an der Schulter an, berührst es mit dem schwingenden Seilende oder den Fingern an der Schulter – je nachdem, wie es Dir am liebsten ist. Reagiert das Pferd nicht, musst Du etwas bestimmter werden.

Chex me reagiert auf feine Signale und weicht mit der Vorhand.

Kapitel 4 PROBLEMEN VORBEUGEN

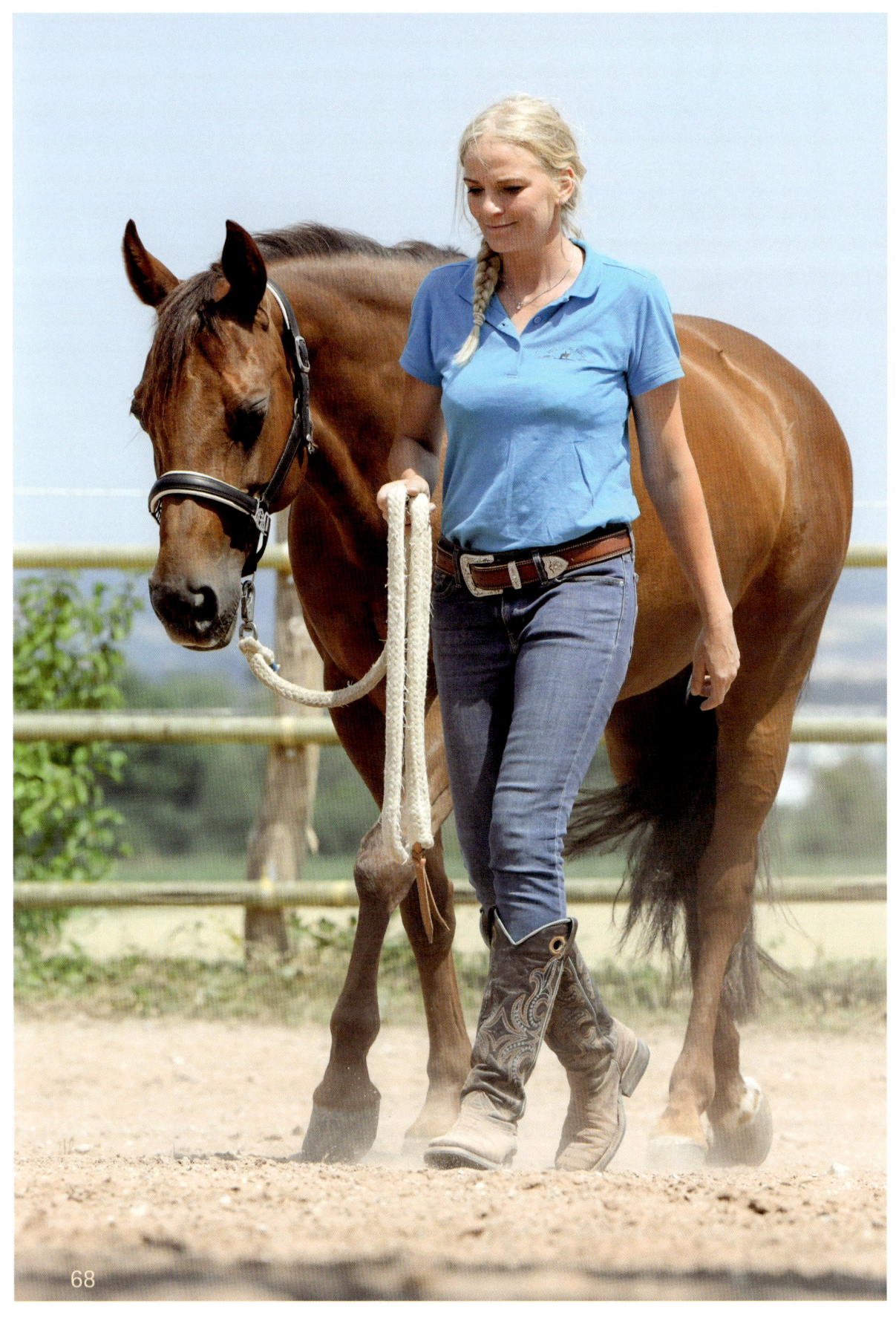

Basic-Übung 7
Führen am durchhängenden Strick

Gehe mit Deinem Pferd auf dem Hof, in der Reithalle oder im Gelände spazieren. Das Pferd achtet dabei auf Dich und folgt Dir am durchhängenden Strick.

<u>So geht's:</u> Ich werde oft gefragt, wo sich die ideale Führposition neben dem Pferd befindet. Wie so häufig im Pferdetraining gibt es hier kein Richtig oder Falsch, sondern es gibt viele Möglichkeiten. Jeder Mensch hat seine individuelle Zone, in der er sein Pferd gerne führt. Ob auf Halshöhe des Pferds oder hinter sich, das bleibt jedem selbst überlassen. Ich persönlich lasse die meisten Pferde zunächst einfach hinter mir herlaufen. Dabei handelt es sich um ein reines Führen und Folgen, bei dem das Pferd lernt, nach mir zu schauen und auf mich zu achten. Gleichzeitig gebe ich dem Pferd Sicherheit, weil ich vorneweg laufe und alle Gefahren abchecke. Sobald ich mit dem Pferd dann am Boden gymnastizierend arbeite, hole ich es mir vor und befinde mich dann auf Hals-/Schulterhöhe des Tiers. Dazu bringe ich den Pferden das Kommando »Step up« bei.

Okay, angenommen, Du hast die für Dich ideale Position am Pferd gefunden, dann geht's jetzt los: Lauf mit Deinem Pferd geradeaus, mache Kreise und Handwechsel – ganz wie es Dir in den Sinn kommt. Pferde, die ihrem Menschen vertrauen und ihn respektieren, folgen in der Regel nach dem Entenmarsch-Prinzip: Der Mensch geht vor, das Pferd folgt.

Basic-Übung 8
Anhalten

Das Pferd hält auf ein feines Signal an und achtet genau auf Dich.

<u>So geht's:</u> siehe dazu »Stillstehen« und davon »Schritt 1 – Und haaalt!«

Chex me achtet genau auf meine Körpersprache und hält an.

Mir ist es wichtig, dass sich jedes Pferd artig und am lockeren Strick führen lässt.

Kapitel 4 PROBLEMEN VORBEUGEN

Ich mache mich groß und baue innerlich Energie auf, um das Pferd zurück zu schicken.

Dann lade ich das Pferd ein, wieder zu mir zu kommen.

Basic-Übung 9
Rückwärts gehen

Schicke Dein Pferd zurück. Das Pferd geht flüssig rückwärts bis Du es wieder anhältst.

<u>So geht's:</u> Stelle Dich mit etwa einem Meter Abstand frontal vors Pferd. Dein Körper ist zum Pferd gedreht. Mach Dich groß und baue innerlich Energie auf. Stell Dir vor, wie Du alleine nur über Deine Körpersprache das Pferd zurückschickst. Reagiert das Pferd nicht, wirst Du bestimmter, indem Du mit Deinen Armen einen Flügelschlag imitierst. Lass das Pferd ein paar Schritte rückwärtsgehen. Dabei bleibst Du auf Deiner Anfangsposition stehen.

Um das Pferd wieder zu Dir zu holen, zupfst Du leicht am Strick. Lade das Pferd zu Dir ein. Gib sofort nach, sobald das Pferd sich auf den Weg zu Dir macht.

Basic-Übung 10
Longieren einer liegenden Acht

Longiere Dein Pferd auf der Linie einer liegenden Acht. Das Pferd hört genau auf Deine Signale und lässt sich fein über Deine Körpersprache dirigieren.

<u>So geht's:</u> Ich persönlich mag das sogenannte körpersprachliche Longieren sehr gerne. Dabei geht es um weit mehr, als das Pferd im Kreis um sich herumlaufen zu lassen. Hierbei dirigiere ich das Pferd mit meiner Körpersprache auf der Linie einer liegenden Acht, sprich ich schicke das Pferd zunächst in einem Halbkreis um mich auf der einen Seite herum, hole es dann zu mir, um so die Richtung zu wechseln und das Tier wieder in einem Halbkreis auf der anderen Seite um mich herum laufenzulassen und so weiter. Diese Übung kann man beliebig variieren. Ich finde sie einfach klasse!

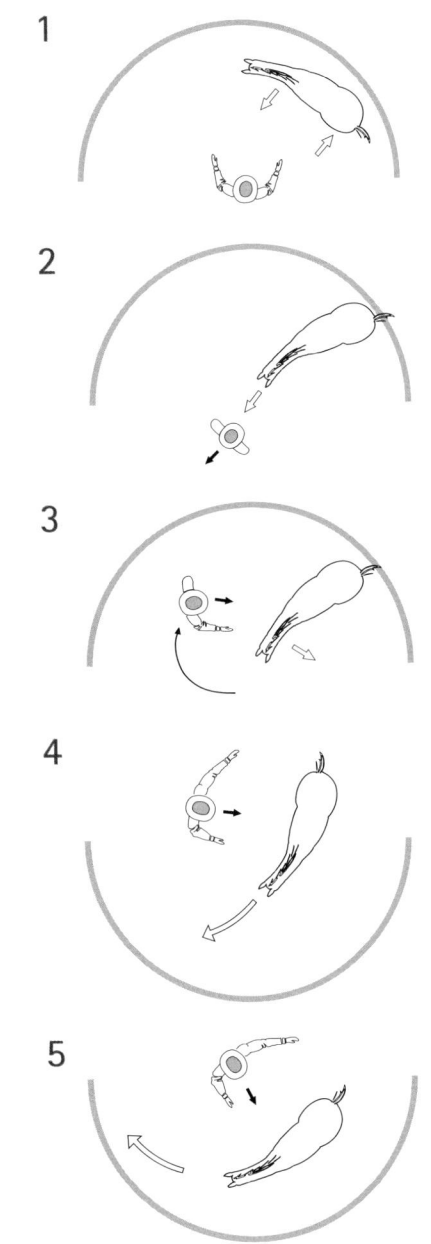

Handwechsel beim körpersprachlichen Longieren mit den Positionen des Ausbilders in den verschiedenen Phasen.

Zuerst schicke ich das Pferd raus auf den Zirkel und lasse es um mich kreisen.

Dann hole ich das Pferd zu mir, um die Richtung zu wechseln.

Weiter geht's in die andere Richtung.

Anfangs dauert es möglicherweise, bis Dein Pferd und Du diese Art des Longierens flüssig und ohne Seil-Salat beherrschen. Übe daher zunächst nur im Schritt bis der Ablauf sitzt. Knifflig sind vor allem die Momente des Handwechsels: Zunächst verschiebst Du die Hinterhand (Basic-Übung 5), bis das Pferd Dich anschaut. Um das Pferd zu Dir in die Mitte zu holen, gehst Du am besten einen Schritt zurück. Lass das Tier kurz auf dich zukommen. Währenddessen wechselst Du Strick und Gerte. Bei Dir angekommen, schickst Du das Pferd mit leichtem Druck der Gerte Richtung Pferdeschulter in die neue Richtung.

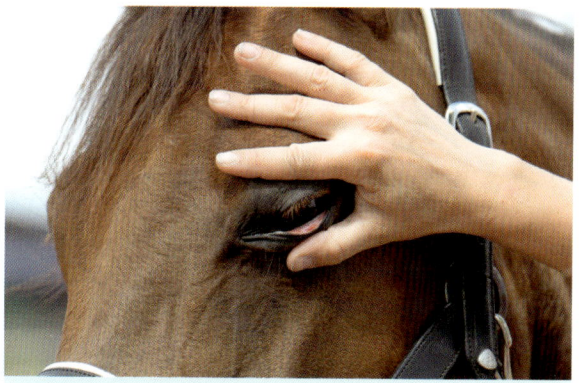

Augen untersuchen.

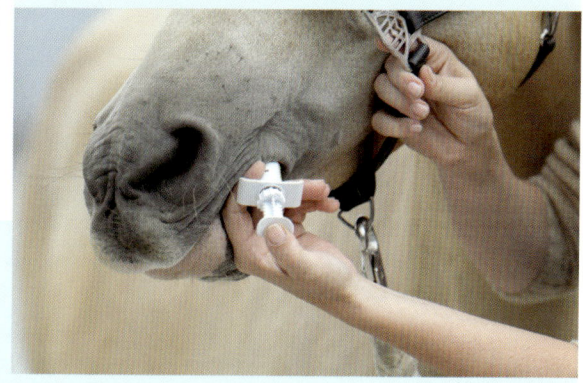

Wurmkur verabreichen.

ÜBERLEBENSWICHTIG: MEDIZINISCHE ÜBUNGEN

Auch medizinische Übungen gehören für mich zur Basis einer guten Erziehung und sollten so früh wie möglich angegangen werden. Es kann ja durchaus mal sein, dass das Pferd krank wird und behandelt werden muss. Um dem Tier im Notfall unnötigen Stress zu ersparen, gewöhne ich es lieber vorab an solche Situationen.

Dazu übe ich mit den Pferden: Berührungen am ganzen Körper, Augen untersuchen, Fieber messen und das Abhören am Bauch. Dazu benutze ich ein altes Stethoskop. Mit einer leeren Wurmkur-Spritze imitiere ich das Verabreichen einer Paste ins Maul. Ich übe mit den Pferden auch das Traben an der Hand – für den Fall, dass das Tier mal hinkt und der Tierarzt eine Lahmheitsuntersuchung durchführen möchte. Auch das Verlanden ist unerlässlich. Ich möchte, dass meine Pferde zuverlässig in den Anhänger einsteigen und dabei keinen Stress haben, falls ich sie in eine Tierklinik bringen muss.

Klappt das alles, lasse ich das Pferd auch mal von einer fremden Person »untersuchen«. Warum? Häufig lassen Pferde sich von einer vertrauten Person wie dem Besitzer überall anfassen, bei einer fremden Person wie etwa dem Tierarzt stellt sich das Pferd dann aber quer. Das sorgt für unnötigen Stress bei Pferd, Besitzer und Tierarzt. Deswegen gewöhne ich Pferde auch gerne daran.

Weicht das Pferd mit der Hinterhand nicht auf meine höfliche Frage, berühre ich es mit dem Seil an der Kruppe.

MEINE WICHTIGSTEN TRAININGSGRUNDSÄTZE

Ob bei der Grunderziehung, beim alltäglichen Training oder bei der Arbeit mit Pferden, die Schwierigkeiten haben, diese Grundsätze sind mir wichtig:

1. <u>Was willst Du erreichen?</u>
   Um das Pferd zur richtigen Reaktion zu bringen musst Du Dir vor jeder Übung genau überlegen, was Du dem Pferd vermitteln willst.

2. <u>Positive Vorstellungsbilder:</u> Stell Dir immer das gewünschte Verhalten des Pferds vor und nicht das befürchtete.

3. <u>Hilfengebung:</u> Hier gibt es einen tollen Spruch, der zu 100 Prozent zu meinem Trainingskonzept passt: »So wenig wie möglich, so viel wie nötig.« Um das zu gewährleisten, baue ich meine Hilfen in Stufen auf: Fragen, verstärken, durchsetzen. Ich frage das Pferd zunächst höflich, der geforderten Aufgabe nachzukommen. Reagiert es nicht, werde ich bestimmter und bestimmter ... bis das Pferd richtig reagiert. Wenn nötig, touchiere ich das Pferd auch mal mit der Gerte oder dem Seilende, um eine Reaktion herbeizuführen. Ich finde, da ist nichts Verwerfliches dran. Manche Pferde brauchen manchmal einfach eine etwas deutlichere oder sagen wir

lieber körperlichere »Ansage«. Allerdings hört bei mir der Spaß auf, wenn die Hilfe des Reiters in roher Gewalt mündet. Das ist lediglich ein Hilfeschrei des Reiters, weil dieser sich nicht besser zu helfen weiß. Mit einer echten Hilfe hat das nichts zu tun. Und der Lerneffekt fürs Pferd ist gleich Null. Wenn ich ein Pferd mit einem Problem zu mir ins Training bekomme, muss ich manchmal gleich am Anfang sehr deutliche Ansagen machen, weil das Tier nicht mal ansatzweise auf meine feineren Hilfen reagiert. Viele Pferde sind leider ziemlich abgestumpft. Der Besitzer oder andere Personen haben es zuvor mit halbherzigen Hilfen desensibilisiert. Um das Pferd wieder sensibel für feine Hilfen zu machen, muss ich meinen Wunsch ans Pferd sehr bestimmt durchsetzen. Das zieht mich persönlich oft runter, weil ich so bestimmt eigentlich gar nicht sein möchte. Aber es führt leider manchmal kein Weg vorbei. Dabei bleibe ich emotional jedoch völlig neutral. Glücklicherweise brauchen die Pferde meist nur eine einzige Ansage dieser Art von mir. Danach sind sie oft sehr viel anhänglicher und aufmerksamer als vorher. Manchmal habe ich sogar das Gefühl, dass danach ein Knoten geplatzt ist.

4. **Loben:** Pferde brauchen unsere Bestätigung, dass sie etwas richtig gemacht haben. So lernen die Tiere sehr schnell und bleiben immer schön motiviert. Ein Lob

Ein Lob motiviert Pferde zu Höchstleistungen.

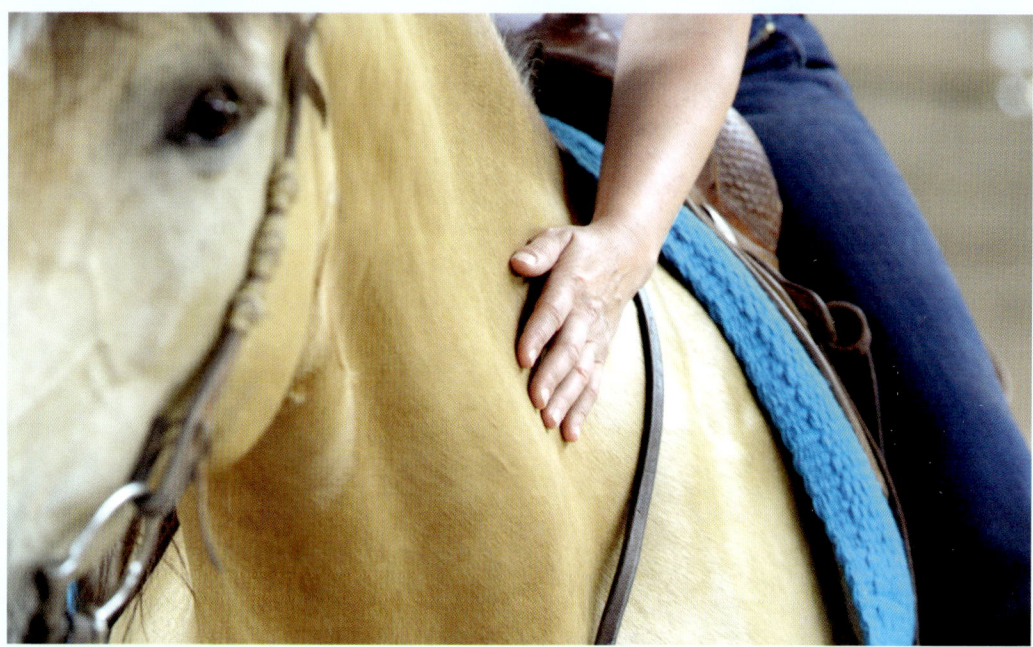

kann ein Leckerli, eine Streicheleinheit oder eine Pause sein. Finde heraus, was Dein Pferd am liebsten mag. Meine Stute Bailey freut sich beispielsweise am meisten über Kekse. Bei Shows habe ich daher immer eine Tüte Leckerlis dabei. Meine Mustangs-Stute Rose mag zwar auch Kekse, ich habe aber den Eindruck, dass sie sich eher freut, wenn ich sie mit meiner Stimme überschwänglich lobe und mich selbst riesig über ihre Leistung freue. Darüber hinaus liebt sie es, am Widerrist gekrault zu werden.
Nicht zu unterschätzen sind auch Pausen als Form von Lob.

So geht's: Handelt das Pferd richtig, kann es verschnaufen; handelt es falsch, wird es weiter gefordert. Über dieses Muster lernen Pferde nicht nur sehr schnell zu unterscheiden, was richtig und was falsch ist, sondern die Pausen geben ihnen auch Zeit zur Erholung und zum Verarbeiten des Erlernten. Wenn das Pferd kaut, schleckt und den Kopf fallen lässt, ist das Dein persönlicher Jackpot. Das Pferd ist entspannt und denkt nach.
Ob Pausen, Futter, Kraulen oder Stimme, wichtig ist, dass Du das Pferd nicht nur für das Erreichen großer Ziele, sondern auch für kleine Dinge lobst. Pferde brauchen Erfolgserlebnisse! Und da gibt es manchmal von mir schon ein großes Lob, wenn ich alleine das Gefühl habe, das Pferd denkt in die richtige Richtung oder es handelt ansatzweise richtig. Man muss sich im Training immer vor Augen führen, dass alles ein Entwicklungsprozess ist. Gerade bei eingefahrenen, negativen Verhaltensmustern braucht es unter Umständen sehr viel Zeit, diese wieder umzuprogrammieren.

5. <u>Konsequenz:</u> Der Mensch muss konsequent sein – nicht nur heute, sondern auch morgen und übermorgen. Ein Beispiel: Dein »Nein« muss bedeuten ausnahmslos und nie. Alles andere haben Pferde schnell spitz.

6. <u>Auf beiden Seiten üben:</u> Ob Halftern, Weichen der Hinterhand oder Führen, übe immer auf beiden Seiten des Pferds.

Halftern sollte von beiden Seiten klappen.

Röschen bekommt eine wohlverdiente Pause während dem Training.

Da Pferde wie auch wir Menschen eine bessere, gut koordinierte und eine etwas schlechtere, steifere Seite haben, fällt ihnen die Übung oft auf einer Seite leichter. Man neigt dazu, dann immer auf dieser »Schokoladen-Seite« zu üben und vernachlässigt die Seite, die eigentlich etwas Übung nötig hätte.

7. <u>Falscher Ehrgeiz:</u> Arbeite nie zu lange an einer Übung oder einem Problem. Beiß Dich nicht fest. Gib Dich lieber mit einem Teilerfolg zufrieden, den Du belohnen kannst.

8. <u>Lass den Druck raus:</u> Fordere nicht jeden Tag schwierige oder mit Angst besetzte Übungen. Frage lieber zwischendurch immer wieder Lektionen ab, die das Pferd besonders gut kann, die Euch Spaß machen und die Du belohnen kannst.

9. <u>Fair und gerecht:</u> Überlege immer, welche Anforderungen Du an Dein Pferd im momentanen Ausbildungsstadium stellen kannst.

10. <u>Körpersprache und Emotionen:</u> Eine klare Körpersprache ist extrem wichtig, denn Du hast einen großen Einfluss darauf, wie gut Dein Pferd Dir folgt. Die Tiere spüren genau, was in uns vorgeht. Wir Menschen müssen den Pferden vermitteln, dass wir die Situation voll im Griff haben und uns um alles kümmern. Das Pferd muss spüren, dass Du an der Front stehst und auf es aufpasst. Das A und O ist daher das Vertrauen zwischen Mensch und Tier. Hierzu gibt es einen wundervollen Satz auf Englisch: »Trust is the most important thing.«

Deswegen: Sicher vorangehen, nicht zögern und klar sein in den Kommandos. Ein guter Leader trägt für sich selbst Sorge, sieht sich auf Augenhöhe mit dem Pferd, ist aber auch klar in dem, was er nicht will. Pferde lieben es, von einem geerdeten Menschen souverän geführt zu werden. Wenn etwas nicht klappt, ist der souveräne Leader nicht emotional, sondern sucht nach einer anderen Lösung. Er gibt dem Pferd den Freiraum, Fehler zu machen und ist nicht sein Babysitter.

Wichtig ist auch, dass der Mensch authentisch bleibt und in seiner Balance ist. Damit meine ich nicht, dass Du vor jeder Reitstunde eine Runde über den Schwebebalken tanzen musst, um Deine Balance zu testen, sondern viel mehr, dass Du im Einklang mit Dir selbst bist. Wenn man das nicht ist, dann kann man das auch nicht vom Pferd erwarten.

Und Stopp! Eine klare Körpersprache ist beim Training mit Pferden wichtig.

11. **Equipment:** Versuche nicht, das Pferd über die Ausrüstung zu kontrollieren, sondern immer über Deine Körpersprache.

12. **Zeitpunkt:** Wichtig ist auch, zu welchem Zeitpunkt Du mit Deinem Pferd übst. Ein Beispiel: Angenommen, Dein Pferd bleibt nicht ruhig am Putzplatz stehen und Du möchtest das üben, dann wäre es schlecht zu üben, wenn gerade die anderen Pferde auf die Weide geführt werden oder Fütterungszeit im Stall ist. In solchen Momenten ist Dein Pferd von Grund auf etwas nervöser und nicht so aufmerksam für Deine Signale. In solch einer Situation bringt der beste Trainingstipp möglicherweise nichts. Das Training unter Ablenkung würde ich erst starten, wenn die Basis sitzt.

13. **Viele kleine Schritte:** Ich bin ein Freund der vielen kleinen Schritte. Wenn man eine Übung in viele kleine Schritte aufteilt, fällt dem Pferd das Lernen leichter und wir haben uns selbst mehr Back-up-Sicherungen eingebaut. Dabei sollte man unbedingt beachten: Erst wenn ein Schritt erfolgreich erlernt ist, folgt der nächste.

14. **Dranbleiben:** Es heißt nicht ohne Grund »Übung macht den Meister«. Gerade wenn sich bestimmte Verhaltensweisen eingeschlichen haben, kann es sehr lange brauchen, bis das Pferd sein Verhalten ändert. Aber auch beim Erlernen neuer Dinge sind manche Pferde Blitzmerker, andere brauchen einfach etwas länger. Das ist völlig normal.

15. **Timing:** Pferde lernen am besten, wenn das Timing stimmt. Damit das Pferd einen bestimmten Reiz (beispielsweise eine Reiterhilfe) mit einem Verhalten verknüpft, hat der Mensch nicht viel Zeit. Nach mehr als zwei bis maximal drei Sekunden kann ein Pferd zwei vorangegangene Dinge nicht mehr aufeinander beziehen. Folgen in diesem Zeitraum zwei Dinge unabsichtlich aufeinander, kann das Pferd sie dagegen ungewollt verbinden. Timing ist deswegen sehr wichtig. Nur die schnelle Reaktion des Menschen macht ein Verhalten des Pferds zum Erfolg.

16. **Pferdetraining ist individuell:** Kein Pferd ist wie das andere. Was bei dem einen Tier wunderbar klappt, kann beim anderen völlig nach hinten losgehen. Deswegen müssen wir die Pferde und ihre Reaktionen auf unser Verhalten stets ganz genau beobachten, analysieren und wenn nötig unser Trainingskonzept umstellen.

Pferde brauchen Grenzen. Manchmal muss man da auch aus Liebe »Nein« sagen.

AUS LIEBE »NEIN«

Es gab Zeiten, da war Pferdetraining fast nur von Druck und Gewalt geprägt. Reiter bestraften unerwünschtes Verhalten. Heute wissen wir, dass Gewalt als Erziehungs- und Trainingsweg keinen Respekt, sondern Angst erzeugt. So kann keine gute Partnerschaft mit dem Menschen entstehen.

Deshalb kehrt sich aktuell der Trend in ein anderes Extrem um. Wir trainieren sanfter, arbeiten mit positiver Bestärkung, reiten ohne Sattel und sagen am liebsten »Ja« zu unserem Pferd, weil alle guten Beziehungen von einem »Ja« geprägt sind. Wir vergessen dabei, dass Pferde – wie Kinder – auch einen Rahmen brauchen. Überlässt man ihnen unbewusst die Verantwortung, übernehmen sie die Führung und nehmen den Menschen nicht mehr ernst. Das schaukelt sich immer mehr hoch, und am Ende stecken beide in bitteren Machtkämpfen fest.

In vielen Pferd-Reiter-Partnerschaften liegt das nicht einmal an mangelnder Konsequenz, sondern daran, dass Pferdefreunde nicht »Nein« sagen können, weil sie ihr Pferd so gern haben. Ein »Nein« ist jedoch notwendig für ein gutes Zusammenleben. »Nein« zu sagen bedeutet nicht, dass wir das Pferd herumkommandieren oder uns Untertan machen. Es bedeutet vielmehr, einen Rahmen zu setzen, ohne dabei grob oder emotional zu werden. Pferde schließen sich in der Natur einer Herde an. Dort gibt es

Regeln, die sie einhalten müssen. Im Gegenzug bietet die Herde Schutz.

Hier ein Beispiel, wie ich es häufig auf Kursen erlebe: Alle stehen zur Besprechung samt Pferden im Kreis zusammen, ein Pferd fängt an zu scharren und rumzuhibbeln. Typ 1 der Pferdebesitzer fängt an, sich mit dem Pferd zu beschäftigen, es zu bespaßen, die eigenen Bedürfnisse (dem Gespräch zu folgen) hinten anzustellen und damit unbewusst das Pferd für sein Verhalten zu bestätigen: Das Pferd möchte Aufmerksamkeit und bekommt sie. Typ 2: Der Pferdebesitzer schickt sein Pferd energisch zwei Schritte rückwärts, entspannt sich wieder und widmet sich weiter dem Gespräch. Mir geht es nicht darum, ob Typ 1 oder Typ 2 das Richtige tut – vielmehr geht es mir darum, dass jeder sich darüber bewusst ist, wie er es haben will. Akzeptiert Typ 1 das Nörgeln seines Pferds und kommt damit zurecht ist das in Ordnung. Aber wenn es Typ 1 stört, sollte er auch ganz klar »Nein« sagen – und zwar von innen heraus.

Ein wichtiger Aspekt beim Nein-Sagen ist, dass das »Nein« von innen kommen, also authentisch sein muss. Dafür braucht man eine klare Körpersprache, denn Pferde kommunizieren nicht über die Stimme. Viele Reiter versuchen, ihre Pferde durch bestimmte Trainingstechniken zu führen. Doch oft überzeugen sie so nicht – weil sie eigentlich nicht Nein-Sagen wollen.

Ein weiteres Beispiel ist für mich ein ungestümes Verhalten beim Führen zur Weide. Viele Pferde ziehen ihre Reiter vom Stall bis auf die Koppel oder reißen sich sogar vorher los. Wenn man sich damit arrangiert, dass man von seinem Pferd zur Weide geführt wird und nicht umgekehrt, ist das in Ordnung. Man muss sich aber über die Konsequenzen klar sein und auch darüber, dass es gefährlich werden könnte. Stört es mich, dass das Pferd ständig zieht, muss ich daran arbeiten. Ein solches Verhalten hat mit fehlender Führung zu tun, das Pferd übernimmt selbst die Verantwortung.

Ich begegne fast jeden Tag Pferdebesitzern, die frustriert darüber sind, dass ihre Pferde nicht zuhören, nicht kooperieren oder nicht verstehen, was ihre Besitzer von ihnen wollen. »Frau Gutsche, wir haben es immer wieder im Guten probiert«, höre ich oft. In Wahrheit gehen sie von Trainer zu Trainer und versuchen eine Methode nachzumachen. Fürs Pferd hat der Besitzer geschauspielert, weil er dabei nicht authentisch war. Von wenigen Ausnahmen abgesehen lösen sich viele Problemen, sobald der Mensch an sich selbst arbeitet und in der Lage ist, die richtige Körpersprache einzusetzen. Oft senden wir unbewusst Signale an unsere Pferde, die wir gar nicht wollen. Konflikte wird es mit dem Pferd immer geben, die gibt es in der besten Beziehung – mit Kindern, mit Eltern und mit dem Partner. Deswegen liebt man denjenigen nicht weniger. Der Weg, Konflikte zu lösen, kann aber sehr bereichernd sein.

Vertrauen und Respekt gegenüber dem Pferdebesitzer müssen ausgewogen sein. Fehlt Vertrauen, hat das Pferd Angst; fehlt Respekt, akzeptiert

Dich Dein Pferd nicht als Herdenführer. Um eine gute Führung zu übernehmen, gehört es auch dazu »Nein« zu sagen, ohne dabei unfair oder grob zu werden. Je mehr Respekt und Vertrauen in der Mensch-Pferd-Beziehung wachsen und je klarer der Mensch ist, desto kooperativer, vertrauensvoller wird das Pferd und desto weniger Konflikte, Stress, Frustrationen und Ängste entstehen. Je glaubwürdiger der Pferdebesitzer rüberkommt, desto mehr Respekt hat ein Pferd. Die gegenseitige Nähe zum Pferd wird schwinden, wenn Du nie »Nein« sagst. Der Umgang mit dem Pferd stresst oder ängstigt Dich sogar. Manchmal kommt es dadurch zu Übersprungshandlungen vom Pferd, die gefährlich sein können.

Ich habe lange darüber nachgedacht, warum wir stets das erfüllen möchten, auf was unsere Pferde Lust haben. Vermutlich, weil wir einen Teil ihrer Bedürfnisse zwingend erfüllen müssen. Dazu gehört alles, was zur artgerechten Haltung gehört: genügend Auslauf, frische Luft, Sozialkontakte, sauberes Wasser, eine gemistete Box und genügend Heu. Alles, was darüber hinaus geht, entscheidet jedoch der Pferdebesitzer und legt dazu seine eigenen Werte fest. Er überlegt, was ihm wichtig ist. Die Grenze dafür abzustecken ist nicht leicht: Futter ist zum Beispiel ein Grundbedürfnis, Leckerli braucht jedoch kein Pferd, »weil es so lieb guckt« und dafür vielleicht sogar im Betteln bestätigt wurde. Nicht falsch verstehen: Leckerli sind prima als gezieltes Futterlob. Aber dann als Lohn für eine Leistung, nicht einfach so.

Was ich damit sagen will: Sobald wir mit dem Pferd arbeiten, können wir ihm nicht alle Wünsche jederzeit erfüllen. Deswegen ist Nein-Sagen so wichtig. Wann Pferdebesitzer »Nein« sagen sollen und dürfen, dazu gibt es keine festen Regeln. Jeder sollte sich Gedanken machen und selbst festlegen, wann er »Nein« sagen will. Weiß der Mensch, was er nicht möchte, muss er das konsequent durchsetzen. Wenn Pferde mit unerwünschtem Verhalten immer wieder Erfolg haben (etwa Leckerlis erbetteln), merken sie, dass sie Menschen manipulieren können und nehmen sie nicht mehr ernst.

Ohne ein echtes »Nein« kann es kein echtes »Ja« geben. Warum? Weil uns sonst eigentlich nur drei Optionen bleiben: ein lauwarmes »Ja«, eine Lüge oder Resignation. Das persönliche »Nein« ist das beste »Nein«, weil es das Selbstwertgefühl stärkt und beim Pferd den größten Eindruck hinterlässt. Es entspringt unseren Wertevorstellungen, Erfahrungen, Gefühlen und ist durch unsere persönliche Erfahrung motiviert.

Falls Dein Pferd dieses »Nein« nicht akzeptiert, finde heraus, woran das liegt. Reflektiere Dein eigenes Verhalten. Vielleicht ist Dir schlichtweg das Vertrauen des Pferds verlorengegangen, an dem Du zuerst arbeiten musst. Pferdetraining hat viel damit zu tun, an sich selbst zu arbeiten und immer wieder sein eigenes Verhalten und das des Pferds zu reflektieren – am besten zusammen mit einem erfahrenen Trainer.

Kapitel 5

HILFE BEI TYPISCHEN HERAUSFORDERUNGEN MIT PFERDEN

Probleme kann man niemals mit derselben Denkweise lösen, durch die sie entstanden sind.

Albert Einstein

Kommen wir jetzt zur Lösung von Schwierigkeiten mit Pferden – oder wie ich lieber sage: Nehmen wir die Herausforderung an! In diesem Kapitel liefere ich Dir ganz viele Tipps, was Du bei typischen Alltagsproblemen am Boden und im Sattel ausprobieren kannst. Ganz nach dem Motto: Was würde Yvonne Gutsche tun? Dazu gibt's viele Denkanstöße, die Dich und Dein Pferd auf den richtigen Weg bringen sollen.

Die vier wichtigsten Denkanstöße gleich vorneweg:

1. Es gibt für kein Pferd ein Schema F. Pferdetraining ist einfach immer eine ganz individuelle Sache. Trotzdem gibt es natürlich Techniken, mit denen ich schon vielen Pferden und ihren Besitzern sehr gut helfen konnte. Auf diese werde ich mich in diesem Kapitel konzentrieren. Alle Möglichkeiten und Eventualitäten aufzuschreiben, würde jedoch den Rahmen dieses Buches sprengen. Dafür bitte ich um Verständnis. Gerne kannst Du Dich bei Fragen an mich wenden.
2. Wir wollen das Pferd als einen Partner gewinnen, der gerne mit uns zusammen ist. Sei Dir dessen immer bewusst und richte Dein Verhalten gegenüber dem Pferd danach aus.
3. Die Grunderziehung ist das A und O – auch bei der Lösung von Problemen. Alle Basic-Übungen findest Du in Kapitel 4.
4. Haltungsmängel, Gesundheitsbeschwerden oder Schmerzen beispielsweise durch einen unpassenden Sattel lösen sich durch meine Trainingstipps nicht in Luft auf. Solche Störfaktoren müssen aus der Welt geschaffen werden. Siehe dazu bitte Kapitel 2.

Und hier noch drei Tipps, die auf alle Herausforderungen zutreffen:

1. Wenn Du mit einer zweiten Person übst, die beispielsweise Dein Pferd am Strick hält, dann solltet Ihr darauf achten, dass Ihr Euch immer auf derselben Seite des Pferds befindet. Das hat einen ganz einfachen Grund: Sollte das Pferd mal einen Satz zur Seite machen, macht es diesen üblicherweise von Dir weg. Wenn Du und Dein Helfer auf der gleichen Seite stehen, seid Ihr beide buchstäblich auf der sicheren Seite.
2. Such Dir zum Üben einen Ort aus, wo Du viel Platz hast wie beispielsweise eine Reithalle oder ein Round-Pen. Am Putzplatz zwischen zwei anderen Pferden ist es zum Üben anfangs nicht ideal, weil der Platz begrenzt ist. Stell Dir vor, Dein Pferd ist hibbelig, dann ist die Gefahr groß, dass unbeteiligte Tiere und Personen gestört werden und/oder zu Schaden kommen.
3. Darüber hinaus lege ich Dir meine Trainingsgrundsätze sehr ans Herz. Diese findest Du ab Seite 74.

Starten wir mit den kleinen und größeren Herausforderungen am Boden. Welches unerwünschte Verhalten können Pferde an den Tag legen?

Mein Pferd lässt sich nicht einfangen.

Gleich diese Schwierigkeit zählt zu den Problem-Klassikern schlechthin. Der Reiter will sein Pferd im Paddock oder auf der Weide einfangen, aber das Tier läuft weg.

Bitte mach auf keinen Fall den Fehler, den ich leider immer wieder sehe: Der Mensch läuft dem Pferd hinterher und spielt mit dem Tier das Katze-und-Maus-Spiel. Auch eine ganz schlechte Idee: Das Pferd jagen und in eine Ecke treiben, um es dann zu schnappen. Oder das Pferd nach dem Einfangen strafen. All das bestätigt das Pferd nur in seiner Annahme, dass es eigentlich richtig damit lag, besser vor dem Menschen wegzulaufen.

Ein deutliches Zeichen: Die Pferde wollen sich nicht einfangen lassen und laufen vor dem Menschen weg.

Was ist die Ursache für dieses Verhalten? Grundsätzlich handeln Pferde nach ihren Bedürfnissen. Vielleicht möchte das Pferd gerade lieber grasen oder mit seinen Artgenossen zusammen sein, als etwas mit Dir zu unternehmen. Im Umkehrschluss bedeutet das, dass Du nicht interessant genug fürs Pferd bist. Möglicherweise mangelt es auch an gegenseitigem Vertrauen und Respekt. Das Pferd sieht Dich vielleicht als »bedrohlich« an. Oder das Pferd hat Angst, weil es eine negative Erfahrung mit dem Einfangen verknüpft. Beispielsweise macht ihm Euer Training Sorgen.

Unabhängig, was die Ursache ist, würde ich Dir raten, das unerwünschte Verhalten, sprich das Weglaufen, zu ignorieren und dafür konsequent das erwünschte Verhalten zu belohnen. Das kann am Anfang möglicherweise nur ein Mini-Annäherungsversuch des Pferds in Deine Richtung sein wie: das Tier schaut Dich an oder macht einen Schritt auf Dich zu. Denke an das Beispiel mit Bailey, über das ich Dir in der Einleitung dieses Buchs berichtet habe. Bailey wollte anfangs auch nicht auf der Weide zu mir kommen. Ich habe sie damals einfach in Ruhe gelassen, schließlich wusste ich ja nicht, was das Pferdchen schon alles vorher erlebt hat. Und irgendwann kam der Tag, an dem Bailey sich doch zu mir getraut hat. Da hat sich die Geduld gelohnt!

Darüber hinaus würde ich die Herausforderung zunächst in einem kleinen, überschaubaren Areal und ohne viel Ablenkung wie andere Pferde oder saftiges Gras angehen. Das macht es dem Pferd leichter, sich mit Dir zu beschäftigen.

Lass bei den ersten Versuchen ruhig mal das Halfter und den Gedanken ganz weg, dass Du das Pferd jetzt zum Training abholen willst. Primär geht es darum, dass das Pferd gerne zu Dir kommt. Es soll ein schönes Erlebnis damit verknüpfen. Gehe öfter einfach mal so auf die Weide und bring dem Pferd ein Leckerli vorbei oder streichle es. Dann gehst Du wieder weg. So entsteht eine positive Verknüpfung beim Pferd: Wenn der Mensch kommt, gibt es etwas Tolles.

Du kannst Dich auch einfach mal an einen Baum auf die Weide setzen, gerne auch mit einer raschelnden Tüte. Du wirst sehen, kaum ein Pferd kann seiner Neugier widerstehen.

Kommt das Pferd wieder gerne zu Dir, kannst Du das Pferd auch halftern und für schöne gemeinsame Erlebnisse außerhalb des Auslaufs sorgen wie ein Spaziergang oder ein Sport-, Spiel- und Spaß-Programm. Lass zunächst alles, was dem Pferd keinen Spaß macht, für eine gewisse Zeit außen vor. Sonst riskierst Du einen Rückfall Deines Pferds. Das bedeutet jetzt nicht, dass Du nie wieder anstrengende Sachen von Deinem Pferd verlangen darfst. Das kommt alles mit der Zeit wieder. Gehe einen Schritt nach dem anderen.

Mit Pferden, denen es an Vertrauen und Respekt gegenüber dem Menschen mangelt, kannst Du die Basic-Übungen aus Kapitel 4 machen. Diese einfachen, aber wichtigen Übungen wie das Führtraining verbessern Eure Partnerschaft und somit auch das Einfangen.

Pferde sind neugierig und wollen sehen, was ich in der Hand halte.

TRUST IS THE MOST IMPORTANT THING

Für mich ist das Vertrauen zwischen Pferd und Mensch ganz wesentlich. Denn nur, wenn man einander vertraut, kann man sich auch fallen lassen und man lernt den wahren Kern des anderen kennen. Der Andere öffnet sich und man kann besser erspüren und erfühlen, was derjenige braucht, damit es ihm gut geht. Außerdem weiß man, dass man aufeinander aufpasst. Es wird ein Raum geschaffen, in dem man über sich hinaus wachsen kann und wo der andere auch mal sein Herz über Bord wirft, beispielsweise, wenn er eigentlich Sorgen hat, es seinem Partner aber gerne recht machen möchte.

Ein inniges Vertrauensverhältnis ist jedoch nicht selbstverständlich. Vertrauen ist nichts, was man sofort bekommt. Man kann relativ schnell eine gute Basis legen, aber Vertrauen ist ein Entwicklungsprozess. Es ist wie bei einer Pflanze, die man gut hegen und pflegen muss – wie beim kleinen Prinz und seiner Rose.

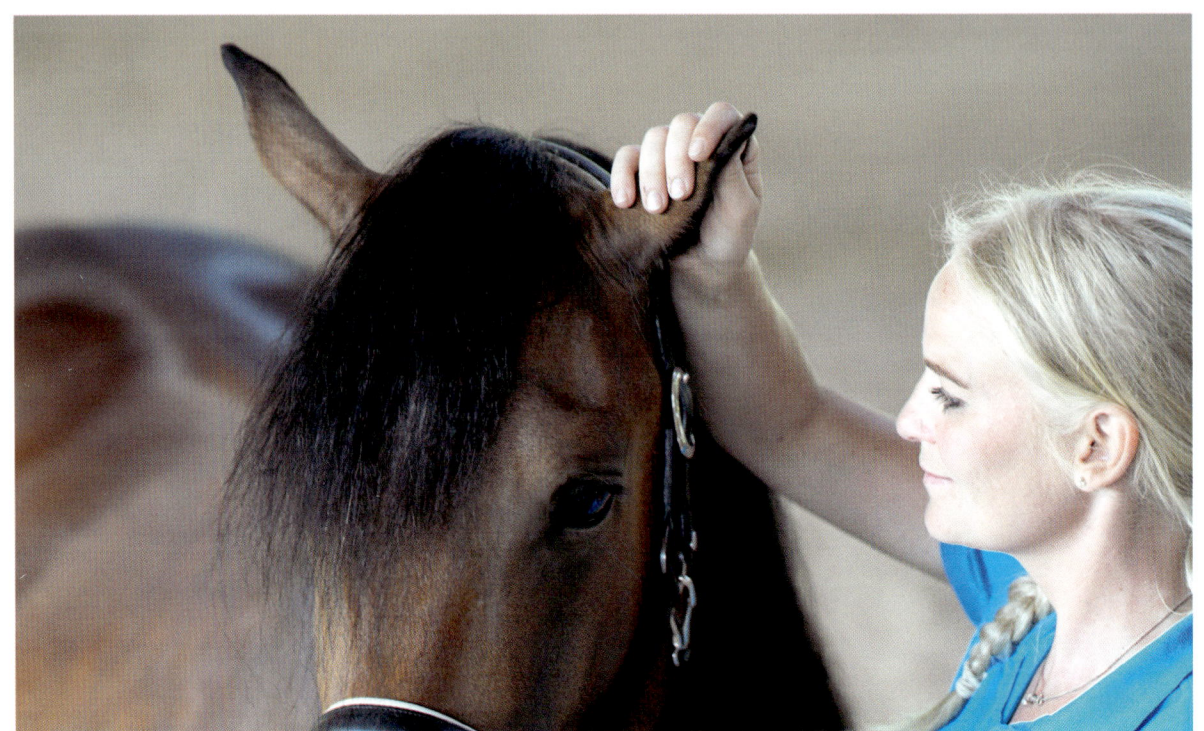

Unique hatte anfangs Mühe, sich an den Ohren anfassen zu lassen. Heute genießt er das Ohren-Kraulen.

Mein Pferd ist kopfscheu und lässt sich nur ungern anfassen.

Grundsätzlich finde ich es positiv, wenn Pferde deutlich zeigen, dass sie etwas nicht gut finden wie beispielsweise eine Berührung am Kopf. Dieses Verhalten ist ein wichtiger Hinweis für Dich. Denn tritt das Problem plötzlich auf, also hat das Pferd das sonst noch nie gemacht, kann es durchaus sein, dass es Schmerzen hat. Möglicherweise tut ein Zahn weh oder die Ohren sind entzündet. Das würde ich auf jeden Fall von einem Tierarzt checken lassen.

Es kann aber auch sein, dass das Pferd schlechte Erfahrungen mit Berührungen am Kopf gemacht hat. Hier ein paar Beispiele:

— Das Pferd wurde mal vom Menschen ins Gesicht geschlagen, beispielsweise weil es versucht hat, den Reiter zu beißen.
— Um das Pferd ruhig zu stellen, beispielsweise zur Behandlung einer Verletzung, hat man das Pferd an den Ohren gepackt.
— Auch das Ziehen an der Mähne beim Bürsten mögen manche Pferde nicht.
— Beim Halftern oder Trensen klappt der Reiter die Ohren nach vorne oder zur Seite. Das empfinden viele Pferde als unangenehm.
— Bei einer Untersuchung am Kopf durch Reiter oder Tierarzt ist man etwas ruppig mit dem Pferd umgegangen.
— Das Pferd hat kurz vorher eine Wurmkur bekommen. Es mag die Paste nicht sonderlich und ist jetzt

- skeptisch, ob Du gleich wieder so etwas Ekliges aus der Tasche ziehst und ihm ins Maul spritzt.
- Das Pferd hat sich beim Scheren von Kopf oder Hals vor dem Geräusch der Schermaschine erschreckt.

Was würde Yvonne Gutsche in so einem Fall tun? Das ist situationsabhängig. Findet das Pferd die Berührung grundsätzlich in Ordnung und mag sie nur nicht sonderlich, bleibe ich mit meiner Hand dran, wenn das Pferd den Kopf wegzieht. Ich nehme meine Hand erst weg, wenn das Tier nachgibt, wobei das auch nur ein Zentimeter sein kann – je nach Pferd und Situation. Ich wandere dann mit meiner Hand an einen Punkt zurück, an dem das Pferd meine Berührung anstandslos akzeptiert und am besten sogar noch genießt, die sogenannten Wohlfühlspots. Nach einer Kraul-Pause starte ich einen neuen Versuch und taste mich wieder vor zum Kopf. Dieses Prinzip von Annäherung und Rückzug spiele ich mit dem Pferd, bis das Tier überhaupt kein Problem mehr mit meinen Berührungen hat. Mit der Zeit merkt das Pferd, dass ich absolut nichts Schlimmes mit ihm vorhabe.

Reagiert das Pferd hingegen panisch oder wehrt sich beharrlich gegen meine Hand am Kopf, nehme ich meine Finger sofort weg. So signalisiere ich dem Pferd, dass ich seine Sorgen wahrgenommen habe und diese respektiere. Stück für Stück taste ich mich dann wieder zum Kopf vor. Dabei beobachte ich genau, wo sich die Wohlfühlgrenze des Pferds befindet, sprich ab welcher Stelle es unruhig wird. Über diese Grenze gehe ich zunächst nicht mit meiner Hand hinaus und starte das zuvor beschriebene Spiel von Annäherung und Rückzug. Stück für Stück taste ich mich so zum Pferdekopf vor. Das kann unter Umständen sehr lange dauern. Die Geduld zahlt sich aber aus, weil diese Vorgehensweise ungemein das Vertrauen zwischen Pferd und Mensch stärkt. Das Pferd lernt, dass ich seine Sorgen respektiere und darüber hinaus, dass meine Berührungen nichts Schlimmes sind, sondern durchaus auch angenehm sein können.

Unter Umständen muss man manchmal einen Mittelweg zwischen zu viel und zu wenig finden. Das ist der Fall, wenn das Pferd bereits verinnerlicht hat, dass es sich durch das Wegziehen des Kopfes meiner Berührung entziehen kann. Manche Ponys sind da ja richtig clever und haben das schnell raus. Bei solchen Pferden sollte man nicht sauer werden, sondern einfach beharrlich und ruhig den Pferdekopf wieder in die richtige Position bringen und einen neuen Versuch starten. Du kannst auch ausprobieren, ob es besser klappt, wenn Du den Kopf des Pferds leicht zu Dir drehst. Oder Du schaust, wie das Pferd reagiert, wenn Du Dich auf einen Hocker neben es stellst und Dich von dieser erhöhten Position aus dem Kopf näherst. Der Vorteil: Das Pferd kann sich Dir so nicht so leicht durch das Hochreißen des Kopfes entziehen. Du kannst mit Deiner Hand leichter dranbleiben.

Womit ich grundsätzlich auch gute Erfahrungen mache, ist mit der Stresspunktmassage. Dabei übt man mit dem Daumen einen leichten, kreisenden Druck auf bestimmte Punkte am Pferdekörper aus. Durch diese Mini-Massage kann man das Pferd dazu bringen, sich zu entspannen.

Diese Massage kann ich zum Beispiel an dem Punkt ausüben, wo ich merke, dass das Pferd Sorgen bekommt und dann langsam weiter Richtung Kopf massieren.

Es kann auch sein, dass das Pferd kopfscheu ist, weil es dem Menschen nicht vertraut. Dazu muss man wissen, dass gerade der Kopf ein äußerst sensibler Bereich ist und viele Pferde Berührungen am ganzen Körper problemlos akzeptieren, am Kopf aber Schluss mit lustig ist. Mit solchen Kandidaten würde ich zunächst vertrauensbildende Übungen machen wie meine Basic-Übungen aus Kapitel 4. Je sicherer das Pferd sich beim Menschen fühlt, desto mehr wird es seine Abwehrhaltung ablegen und den Reiter an seinen Kopf lassen.

Ganz wichtig ist, dass Du das Pferd bei allen beschrieben Lösungsansätzen nicht anbindest. Das Tier fühlt sich so womöglich eingeengt und will flüchten. Das kann für Mensch und Pferd gefährlich sein. Gleiches gilt, wenn man den Strick einfach lose runterbaumeln lässt. Das Pferd kann drauftreten und sich verheddern. Leg Dir den Strick stattdessen lieber locker über Deinen Arm. Das ist am sichersten und Du hast ihn im Notfall schnell griffbereit. Denn aus Erfahrung weiß ich, dass die allermeisten kopfscheuen Pferde auch nicht ruhig stehen bleiben können. Sobald man versucht, den Kopf zu berühren, bewegen sie sich, um sich zu entziehen. In dieser Situation kannst Du schnell den Strick greifen und gegensteuern, indem Du das Pferd wieder auf seine ursprüngliche Position schickst.

Eine Mini-Massage sorgt für Entspannung.

BÜRSTEN MIT KÖPFCHEN

Manche Pferde sind kopfscheu, weil sie das Bürsten mit härteren Borsten wie beispielsweise einer Wurzelbürste nicht mögen. Viele Tiere sind da super empfindlich. Meiner Erfahrung nach stehen die meisten Pferde auf weiche Bürsten aus Ziegenhaaren oder einen Lammfellhandschuh. Das solltest Du einfach mal ausprobieren.

Hat das Pferd am Kopf geschwitzt, kannst Du den Schweiß mit der Hand oder einem Tuch abstreichen. Manche Pferde mögen es auch, mit einem Tuch am Kopf abgerubbelt zu werden. Probiere aus, was Dein Pferd am liebsten mag.

Das Pferd zickt bei der Wurmkur.

Viele Pferde mögen das Entwurmen mit einer Paste nicht, weil sie die Tube im Maul befremdlich finden. Sie sind es nicht gewöhnt, dass ihnen jemand im Maul »rumfingert«. So eine Wurmkur verabreicht man ja nur zirka drei bis vier Mal im Jahr. Das reicht nicht zur Gewöhnung.

Meine Mustang-Stute Röschen kannte Wurmkuren zum Beispiel gar nicht. Sie wuchs in den USA wild auf. Da gab es keine Paste! Weil ich es aber unerlässlich finde, dass Pferde so etwas vor dem »Ernstfall« kennenlernen und dabei keinen Stress bekommen, habe ich mit Röschen direkt in den ersten Tagen nach ihrer Ankunft auf meiner Ranch das Verabreichen einer Wurmkur geübt. Meiner Meinung nach gehört das zu den Dingen, die jedes Pferd artig mitmachen sollte.

Beim Üben für den »Ernstfall« gehe ich so vor – übrigens auch bei Pferden, die ein Problem damit haben: Wichtig ist vorab zu wissen, dass ich das Pferd sowohl beim Üben als auch beim Verabreichen der Wurmkur nicht anbinde. Ich halte den Strick locker in der Hand oder lege ihn mir über den Arm. Als erstes starte ich mit dem Absenken des Pferdekopfes (siehe Basic-Übung 2 in Kapitel 4). So hole ich mir die Aufmerksamkeit meines Ponys.

Klappt das, gewöhne ich das Pferd zunächst mit meinem Daumen daran, dass Menschen ihm ab und zu etwas seitlich ins Maul schieben. Es soll dabei lernen, dass das nicht schlimm ist. Dazu stecke ich ihm meinen Daumen für wenige Sekunden seitlich ins Pferdemaul. Hierbei muss man aufpassen, dass man seinen Daumen an der Stelle ins Maul schiebt, wo das Pferd keine Zähne hat, sprich wo auch das Trensengebiss liegt, sonst kann das sehr weh tun. Diesen Vorgang wiederhole ich mehrmals auf beiden Seiten.

Ich reibe das Pferd mit der Tube im Gesicht ab.

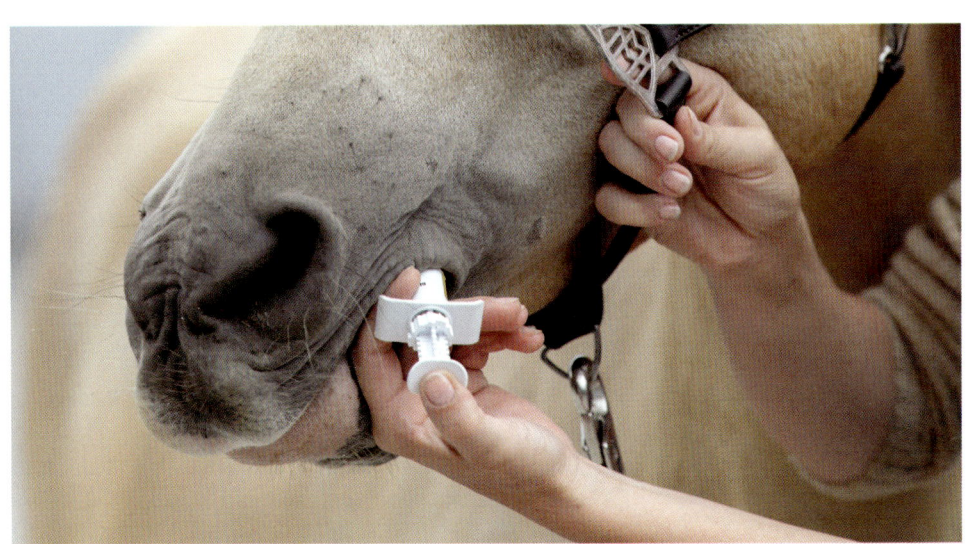

Dann stecke ich dem Pferd die Wurmkur-Tube ins Maul.

Die Wurmkur ist im Pferdemaul. Jetzt bloß nicht wieder ausspucken!

Akzeptiert das Pferd meinen Daumen im Maul, nehme ich eine leere Wurmkur-Tube und reibe das Tier zunächst damit im ganzen Gesicht ab. Dabei achte ich darauf, dass das Pferd sich mir freiwillig zuwendet. Ich fixiere nicht den Kopf.

Klappt auch das, schiebe ich die Tube seitlich ins Pferdemaul. Wenn man die Vorbereitung richtig und gründlich gemacht hat, ist dieser Schritt für die meisten Pferde kein wirkliches Problem mehr. Wichtig ist nur, dass man den perfekten Zeitpunkt zum Rausnehmen der Tube abpasst. Ich nehme die Tube raus, sobald das Pferd entspannt ist.

Kommt der Zeitpunkt für die echte Wurmkur, also der »Ernstfall«, würde ich jedes Mal zur Auffrischung frühzeitig mit der Simulation beginnen. Am besten jeweils ein paar Wochen vor dem eigentlichen Entwurmungstermin.

Bist Du mit Deinem Pferd an dem Punkt angelangt, an dem Du ihm die Paste stressfrei verabreichen kannst, vertraue bitte Deinem Pferd! Stell vorher sicher, dass Dein Pferd kein Gras, Heu oder Müsli im Maul hat. Positioniere Dich auf der rechten Seite des Pferds neben dem Kopf, wobei Deine linke Hand ganz leicht das Halfter hält.

Dann schiebst Du die Tube seitlich ins Maul. Bleibt das Pferd cool, nimmst Du die Tube raus. Anschließend führst Du die Tube wieder ins Maul. Jetzt wird die Paste ins Maul entleert. Bleibe dabei ruhig und entspannt. Wenn Du fertig bist, legst Du Deine Hand am besten unter das Pferdekinn. So vermeidest Du, dass es die Paste wieder ausspuckt.

Danach reibst Du das Pferd mit der leeren Tube am Kopf ab. Stecke abschließend die Tube nochmals ins Pferdemaul und achte darauf, dass der letzte Kontakt mit der Tube für Dein Pferd ein entspannter und angenehmer ist. Dein Pferd wird sich daran das nächste Mal erinnern, wenn Du es wieder entwurmen musst.

Hier noch ein paar Tipps fürs Üben:
— Hab Geduld! Sollte es mal nicht vorangehen oder schwieriger werden, kannst Du Grundübungen wie Kopfabsenken oder Wohlfühlspotskraulen einbauen, um so die Kontrolle wieder zurückzugewinnen und eine gute Basis fürs Training zu schaffen.
— Entfernt sich das Pferd von Dir, bewegst Du Dich mit. Bleibe dabei entspannt und versuche, das Pferd zu motivieren, dass es sich wieder mit Dir beschäftigt.
— Vermeide ruckartige oder hektische Bewegungen, da sich Dein Pferd sonst bedroht fühlen könnte.
— Je entspannter Du bist, desto sicherer fühlt sich Dein Pferd!
— Wenn Du selbst dabei noch unsicher bist, übe die Arbeitsschritte zuerst an einem erfahrenen und geduldigen Pferd, so dass Du danach selbstsicher mit Deinem Pferd trainieren kannst.

Mein Pferd hebt das Hinterbein, wenn ich es dort berühre.

Ob beim bloßen Anfassen oder beim Putzen, manche Pferde sind an den Hinterbeinen super empfindlich. Dazu muss man wissen, dass die Beine zu den berührungsempfindlichsten Bereichen

Zunächst taste ich mich mit dem Stock-Handschuh an die Hinterbeine ran.

eines Pferds gehören. Stell Dir ein Wildpferd vor: Das hat die Beine als Waffe und Überlebenshilfe bei Gefahr. Wer will sich da schon gerne anfassen lassen?

Wenn ich mit einem berührungsempfindlichen Pferd arbeite, begebe ich mich auf keinen Fall in die Gefahrenzone, sprich in den Bereich neben und hinter der Hinterhand. Ich schnappe mir stattdessen einen Besenstiel oder einen Stick und befestige an dessen Ende einen Handschuh. Dann stelle ich mich auf Schulterhöhe des Pferds hin. Den Pferdekopf drehe ich leicht zu mir. So kann das Pferd mir den Hintern nicht zudrehen, wenn es das Hinterbein heben sollte. Ich bin also außer Gefahr.

Jetzt berühre ich das Pferd mit dem Handschuh an den Hinterbeinen. Das mache ich nicht zu zaghaft und auch nicht zu fest. Tritt das Pferd nach ihm, ist das in Ordnung. Ich bin ja nicht in Gefahr. Durch den Stab kann ich jedoch gut dranbleiben, bis das Pferd realisiert, dass es überhaupt nicht schlimm ist, wenn ich es an der Hinterhand berühre. Für mich ist es in diesem Fall bereits ein erster Erfolg, wenn die Abwehrreaktion des Pferds nicht mehr ganz so heftig ausfällt. Diesen Vorgang wiederhole ich, bis das Tier irgendwann gar keine Sorgen mehr damit hat und ich es dann letztendlich auch mit meinen Händen an den Beinen berühren darf. Dazu braucht man bei manchen Pferden viel Zeit und Geduld. Aber das Training zahlt sich aus: Es ist ein großer Vertrauensbeweis, wenn Pferde sich an den Beinen anfassen lassen.

Dann berühre ich das Pferd mit dem Handschuh an den Hinterbeinen.

Beim Hufegeben zieht das Pferd das Bein weg.

Ein großer Vertrauensbeweis ist es, wenn das Pferd beim Hufegeben ruhig stehen bleibt und die Hufe artig gibt sowie so lange hochhält, bis man fertig ist. Um das nachvollziehen zu können, musst Du Dich in die Lage des Pferds versetzen: Du hältst seine Waffe und Überlebenshilfe fest in der Hand. Das Tier ist in dieser Situation praktisch jeglicher Gefahr ausgeliefert.

Zieht das Pferd den Huf plötzlich weg, kann es sein, dass es sich bei Dir nicht sicher fühlt. Oder es hat einfach noch nie von der Pike auf gelernt, die Hufe richtig zu geben.

In beiden Fällen helfen meine Basis-Übungen aus Kapitel 4.

Eine andere Ursache sind Schmerzen. Viele Pferde mit Rückenproblemen haben Schwierigkeiten, die Hinterhufe länger hochzuhalten. Auch Blockaden, Spat und Arthrose können mögliche Auslöser des problematischen Verhaltens sein. Besteht der Verdacht, würde ich das von einem Tierarzt abklären lassen.

Anderen Pferden fällt es wiederum einfach schwer, das Gleichgewicht auf drei Beinen zu halten. Sie haben richtig Mühe und verlieren irgendwann die Balance. Das ist auch oft der Fall, wenn sich das Pferd beim Hufegeben gegen den Menschen lehnt. Mit solchen Kandidaten

Ich benutze gerne Balance-Pads, damit Pferde lernen, ihr Gleichgewicht besser zu halten.

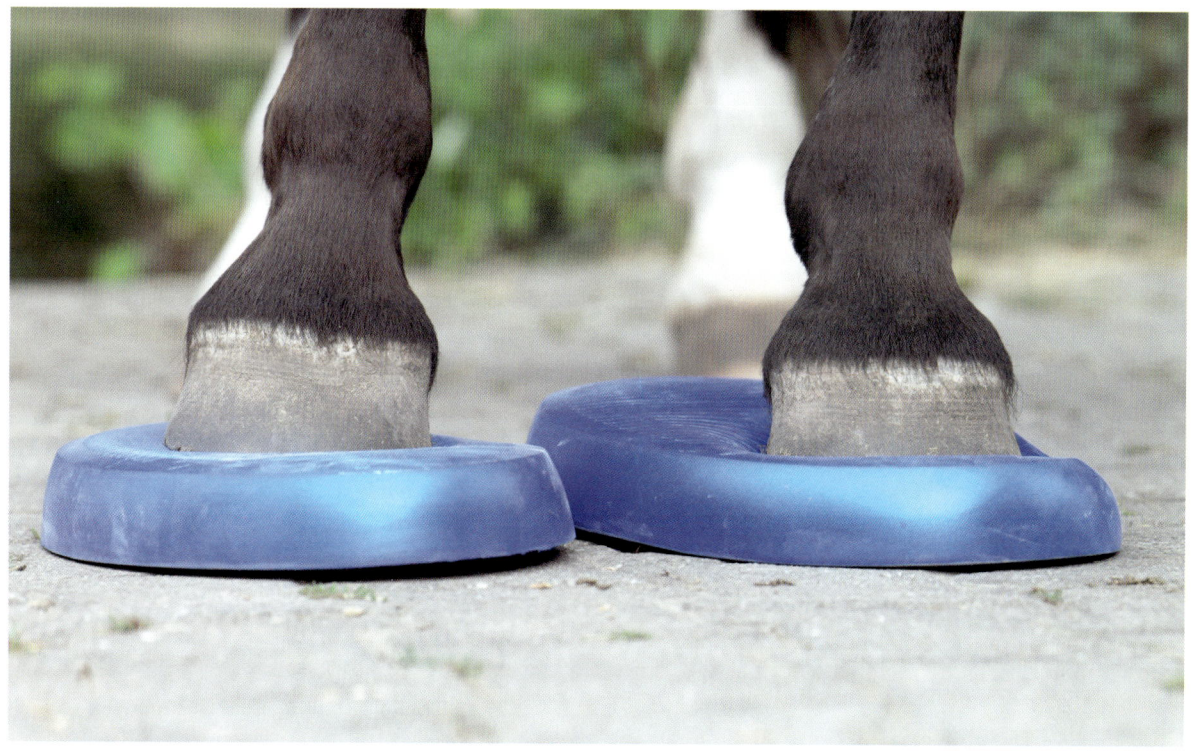

mache ich Koordinations- und Balanceübungen. Dafür eignen sich sogenannte Balance-Pads, auf denen Pferde lernen, das Gleichgewicht zu halten. Super sind auch Übungen, die die Koordination der Beine verbessern wie Seitengänge und Equikinetic sowie Dual-Aktivierung von Pferdetrainer Michael Geitner. Seine Trainingsmethoden liefern hierfür sehr gute Möglichkeiten und ich arbeite gerne danach.

Mein Pferd reißt beim Halftern den Kopf hoch.

Zeigt das Pferd beim Halftern Abwehrreaktionen, übe ich das Halftern, wie in Kapitel 4 beschrieben, bis das Pferd bei jedem Schritt des Halfterns ganz entspannt stehen bleibt und diesen Ablauf als etwas völlig Normales ansieht.

Wenn Du noch nicht so viele Erfahrungen mit Pferden hast, übe erst mit einem Pferd, das keine Schwierigkeiten mit dem Halftern hat, so dass Du ein Gefühl für den Ablauf der Übung entwickeln kannst. Ein Pferd welches keine Mühe mit dem Halftern hat, wird Dir einen Fehler beim Üben verzeihen. Das Pferd mit dem Problem wird dies wahrscheinlich eher weniger tun.

Um das Halftern dem Pferd so angenehm wie möglich zu machen, kann man auch probieren, wie das Tier reagiert, wenn Du ein Halfter benutzt, bei dem Du das Genickstück öffnen kannst. Denn viele Pferde mögen es nicht gerne, wenn man ihnen das geschlossene Genickstück über den Kopf zieht und dabei die Ohren abknicken. Teste, ob das Pferd sich lieber halftern lässt, wenn Du vorher das Genickstück öffnest und es nicht über die Ohren ziehen musst. Alternativ kannst Du auch ausprobieren, wie das Pferd reagiert, wenn Du das Genickstück zum Halftern kurzzeitig ein paar Löcher weiter stellst.

Und noch ein kleiner Trick: Wenn Pferde schon gelernt haben, dass Sie sich dem Halftern entziehen können, indem sie den Kopf hochreißen und Du nicht mehr drankommst, kannst Du Dich einfach mal höher hinstellen beispielsweise auf einen Hocker. So überrascht Du das Pferd, weil es möglicherweise nicht damit rechnet, dass Du mit Deiner Hand dranbleibst, wenn es den Kopf hochnimmt.

Auch das kannst Du mal ausprobieren: Viele Reiter greifen zum Halftern mit einem Arm unterm Pferdekopf durch, um die Pferdenase festzuhalten. Manche Pferde irritiert schlichtweg der Arm unter ihrem Kopf und sie fühlen sich animiert, den Kopf hochzunehmen.

Viele Pferde, die Mühe mit dem Halftern haben, bleiben darüber hinaus dabei auch nicht still stehen. Achte mal darauf! Die Tiere machen es, weil sie wissen, was kommt, bevor es kommt. Durch Bewegungen versuchen sie, sich der Situation zu entziehen und gehen beispielsweise einen Schritt zurück. In solch einer Situation solltest Du ganz genau darauf achten, dass Du das Pferd danach sofort wieder auf seinen ursprünglichen Platz schickst. Wenn das Pferd zur Seite ausweicht, würde ich darauf achten, den Kopf danach wieder gerade oder leicht

Man kann sich zum Halftern auch auf einen Hocker stellen.

zu Dir zu stellen. Sollte das Pferd über die Schulter auf Dich zu oder weg drängeln, würde ich das Pferd stoppen, es ein paar Schritte rückwärtsrichten und dann einen neuen Versuch starten. Langfristig würde ich Dir raten, mit solch einem Zappelphillipp auch am Stillstehen zu arbeiten. Wie das funktioniert, liest Du in Kapitel 4.

Mein Pferd rennt wie gestört davon, wenn ich ihm auf der Weide das Halfter abnehme.

Kaum ist der Strick ab oder das Halfter runter, laufen viele Pferde sofort weg. Manche galoppieren sogar wie von der Tarantel gestochen los. Das kann richtig gefährlich werden, etwa wenn das Pferd dabei buckelt und auskeilt.

Wenn Dein Pferd dieses Verhalten zeigt, solltest Du über diesen Punkt nachdenken: Viele Reiter sagen zwar, dass das Pferd sich wegdreht, tatsächlich sind es aber sie selbst, die sich als erstes vom Pferd abwenden oder sogar weggehen.

Um herauszufinden, ob das die Ursache ist, gibt es eine einfache Übung: Bleibe einfach mal nach dem Abhalftern bewusst bei Deinem Pferd stehen und kraule es an seiner Lieblingsstelle. Wie reagiert es?

Bei diesem Pferd seht Ihr die beiden Halfter übereinander und die beiden Stricke, die ich in den Händen halte.

Liegt es nicht an Dir, sondern hat das Pferd tatsächlich Mühe dabei, muss das Tier lernen, dass es sich erst von Dir entfernen darf, wenn Du es »frei gibst«. Um das dem Pferd beizubringen, ziehe ich ihm zwei Halfter übereinander auf und halte beide Stricke fest. Sobald ich dem Pferd das obere Halfter ausziehe und es wieder wegrennen will, korrigiere ich es am zweiten Halfter und mache ihm verständlich, dass es noch bei mir bleiben soll.

Nicht so gut finde ich diese Taktik: Manche Reiter versuchen das Pferd mit Leckerli zu ködern, damit das Tier bei ihnen bleibt. Das würde ich nicht empfehlen. Stell Dir vor, Du hast an einem Tag nichts dabei. Pferde sind clever und merken das sehr schnell. Ich würde aber durchaus mit Leckerli arbeiten, nämlich dann, wenn Du das erste Halfter abgezogen hast und das Pferd ruhig bei Dir bleibt, ohne dass Du es korrigieren musst. Dann würde ich das Pferd auf jeden Fall belohnen – gerne mit einem Leckerli.

Mein Pferd kann nicht still stehen bleiben.

Viele Pferde tun sich schwer, einfach mal ganz ruhig stehen zu bleiben wie beispielsweise am Putzplatz. Aber auch an der Hand zappelt so mancher Kandidat. Der Pferdebesitzer ist sich dessen oft gar nicht bewusst: Da geht das Pferd einen Schritt nach vorne Richtung Besitzer, um nach einem Leckerli zu gieren, es geht einen Schritt zur Seite, um saftiges Gras am Wegrand zu schnappen oder da wird die Hinterhand weggedreht, weil sich das Pferd mehr für das

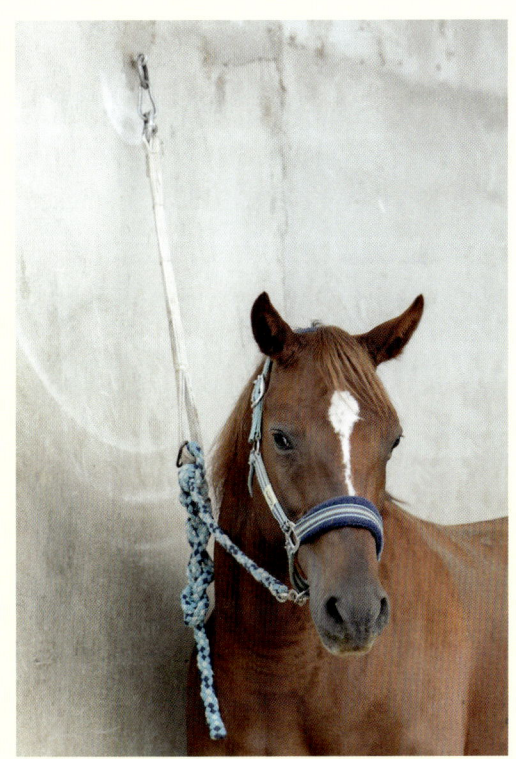

interessiert, was hinter ihm passiert, als für das, was der Mensch macht.

Entfernt sich das Pferd einen Schritt von seinem Platz, würde ich es grundsätzlich sofort korrigieren und es an seinen ursprünglichen Platz zurückschicken. Denn aus einem Schritt werden irgendwann zwei und aus zwei Schritten werden drei und so weiter. Hier muss man aus Liebe »Nein« sagen.

Je nach Pferd muss man dabei auch mal etwas bestimmter werden. Handelt es sich beispielsweise um einen kleinen Kasper, werde ich beim Zurückschicken auf die alte Position mit meiner Körpersprache deutlicher und baue mich auf, um dem Pferd klar zu machen: »Jetzt ist aber mal Feierabend.«

Allerdings gibt es eine Ausnahme: Bewegt sich das Pferd nur, um sich bequemer hinzustellen oder um ein Bein zu entlasten, dann finde ich das o.k. und gehe darauf gar nicht weiter ein.

Die beste Korrekturmaßnahme hilft jedoch nichts, wenn das Pferd noch nie in seinem ganzen Leben richtig gelernt hat, ruhig stehen zu bleiben. Ist das der Fall bei Deinem Pferd, würde ich das Stillstehen komplett neu erarbeiten und so vorgehen, wie ich es in Kapitel 4 beschreibe.

Mein Pferd zieht am Anbinder zurück.

Diese Kandidaten sind nicht ohne. Ich erkläre Dir gleich, wie ich bei solchen Pferden vorgehe, aber auch das ist nicht ungefährlich. Bei Unsicherheit rate ich Dir daher, Dich lieber sofort an einen Profi zu wenden.

Um das Problem zu kurieren, benutze ich gerne ein Hilfsmittel aus dem Kletterbedarf, ein sogenanntes Kletter-Sicherungsgerät. Dazu musst Du wissen, dass ich für mein Leben gerne klettern gehe und während man da am Berg hängt, bekommt man doch auch immer mal wieder Inspiration fürs Training mit Pferden. Dieses Sicherungsgerät hält normalerweise die Person in der Hand, die am Boden steht und den Kletterer sichert. Durch das Sicherungsgerät läuft das Seil. Das Sicherungsgerät sorgt dafür, dass der Kletterer bei einem Sturz nicht in die Tiefe fällt.

Hast Du schon eine Idee, wie ich das beim Pferd anwende?

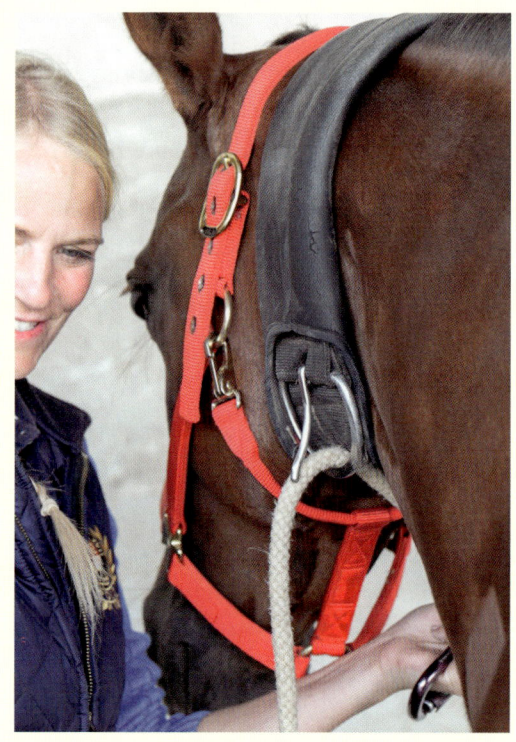

Ein Neopren-Gurt im Genick schützt das Pferd vor Verletzungen.

<u>So geht's:</u> Zuerst nehme ich einen Neopren-Sattelgurt oder etwas anderes, was gut polstert, und befestige das zwischen Pferdegenick und Halfter. Damit beuge ich Verletzungen im empfindlichen Bereich hinter den Ohren vor, sollte das Pferd im Training nach hinten ziehen und sich ins Halfter legen.

Dann nehme ich ein langes Kletterseil und fädle es durch Sicherungsgerät, Anbinder und Neopren-Gurt. Das Seil was durch den Anbinder läuft, knote ich am Halfter fest; das Sicherungsgerät halte ich in der Hand und setze mich aufs Seil, um darüber eine bessere Kontrolle zu haben. Der Rest des Seils liegt am Boden. Dabei achte ich darauf,

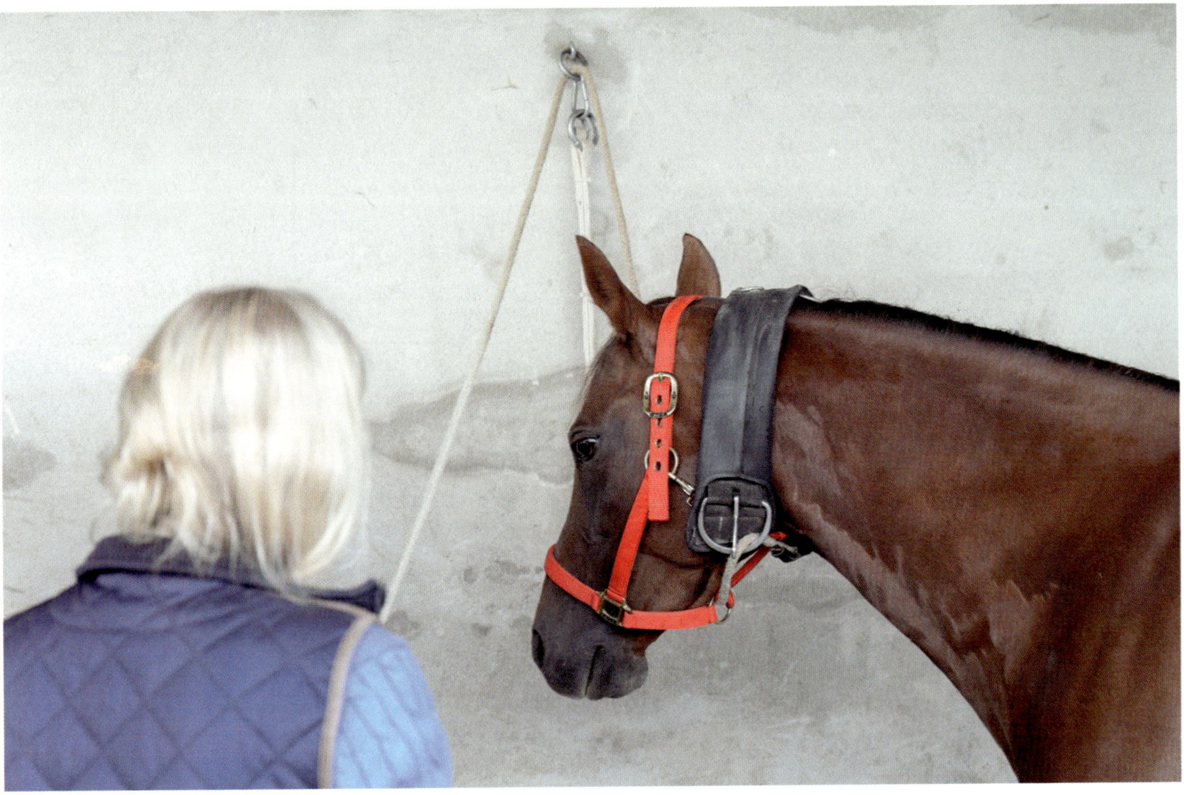

So sieht die korrekte Verschnallung aus.

Das Kletter-Sicherungsgerät.

dass sich darin weder Pferd noch Mensch verheddern können.

Das Pferd ist somit jetzt nicht am Anbinder festgebunden, sondern gewissermaßen an mir.

Zieht das Pferd nach hinten, muss ich blitzschnell abwägen: Gebe ich Seil nach und ermögliche dem Tier den Rückzug oder halte ich dagegen? Grundsätzlich finde ich es wichtig, dass das Pferd weiß, dass ein Rückzug immer möglich ist, es das aber gar nicht tun muss, weil es am Anbinder sicher ist. Es braucht nicht in Panik auszubrechen, wenn es angebunden ist. Alles ist in Ordnung. Dieses Gefühl möchte ich dem Pferd mit dieser Übung vermitteln.

Dazu teste ich, wo die Druck-Grenze des Pferds liegt. In welchem Moment ist der Druck fürs Pferd noch ertragbar und wo wird es blöd? Sobald es fürs Pferd doof wird, gebe ich Seil nach, denn ich möchte nicht, dass das Pferd (noch mehr) Angst bekommt und zurückzieht. Das kann ich ganz easy mit einem Finger am Sicherungsgerät machen. Manchmal reicht es schon, wenn ich das Seil nur wenige Zentimeter rauslasse. Das Pferd bleibt dann plötzlich wie verdutzt stehen, weil es gar nicht damit gerechnet hat, dass der Druck nachlässt. Sonst hat es immer gezogen, bis der Druck ruckartig nachgelassen hat, etwa weil das Seil gerissen ist oder der Mensch den Pferdeknoten gelöst hat und somit auf einen Schlag das Pferd komplett frei war.

Der Vorteil am langen Kletterseil: Ich habe viele Meter zum Nachgeben und trotzdem ist das Pferd nach wie vor angebunden. Auf dieser Länge sammeln viele Pferde die Erfahrung, dass das Zurückziehen zwar akzeptiert wird, es sich der Situation mit diesem Verhalten aber nicht völlig entziehen kann und obendrein alles gar nicht so schlimm ist.

Diese Korrektur erfordert sehr viel Fingerspitzengefühl und vor allem ein gutes Gespür für zu viel und zu wenig. Deswegen würde ich das an Deiner Stelle am besten zusammen mit einem Profi machen.

Mein Pferd lässt sich nur ungern trensen.

Wenn man es genau nimmt, ist das Trensen eine Weiterführung des Halfterns. Deswegen ist es wichtig, zunächst das höfliche Halftern zu erarbeiten, so wie ich es in Kapitel 4 in diesem Buch beschreibe. Das ist eine gute Basis für ein stressfreies Trensen und möglicherweise löst sich das Trensen-Problem bereits dadurch.

Es gibt aber auch Pferde, die sich artig halftern lassen, die das Trensen aber überhaupt nicht mögen. Dazu muss man sich vor Augen halten, was beim Trensen anders ist als beim Halftern. Und das ist vor allem das Gebiss. Das darf man nicht unterschätzen. Um Pferde ans Gebiss zu gewöhnen oder auch um Pferden mit einem Trensen-Problem das Gebiss schmackhafter zu machen, gehe ich so vor:

Schritt 1 – Vorübungen
Stelle Dich neben das Pferd und bringe es dazu, den Kopf zu senken (wie beim höflichen Halftern). Dann streichelst Du das Pferd am Kopf. Teste, ob sich das Pferd wirklich überall gerne anfassen

Ich streiche die Ohren ab, um das Trensen zu simulieren.

lässt – auch am Maul und an den Ohren. Das entspricht meiner Basis-Übung »Berührungen am ganzen Körper«, die Du in Kapitel 4 findest. Als Vorbereitung fürs Trensen gibt es hierbei jedoch zwei Besonderheiten:

Ich verharre mit meinem Daumen seitlich am Maul so lange, bis das Pferd das Maul leicht öffnet und mit der Zunge spielt. Auch wenn es anfangs nur ein kleiner Spalt ist, nehme ich sofort meinen Daumen weg und lobe das Pferd. Ich übe das immer und immer wieder, bis das Pferd schon bei Berührung durch meinen Daumen das Maul öffnet. Zusätzlich etabliere ich das Stimmsignal »Auf«. So lernt das Pferd, das Maul auf Kommando zu öffnen.

Auch an den Ohren gibt es eine spezielle Übung: Ich streiche mit meiner Hand oder meinem Arm von vorne nach hinten über die Ohren. Das simuliert das Trensen, nämlich wenn ich das Genickstück über die Ohren ziehe. Ich streiche auch die Ohren von hinten nach vorne ab. Das simuliert das Abtrensen. Ich tue quasi mit meiner Hand oder meinem Arm so, als würde ich das Pferd die ganze Zeit auf- und abtrensen.

Klappt das, simuliere ich das Trensen zunächst mit einem weichen Strick als Gebissersatz. Warum so umständlich? Weil ich vermeiden möchte, dass das Pferd irgendwelche negativen Erfahrungen mit dem Eisen im Maul macht. Und Pferde, die das Trensen noch nicht

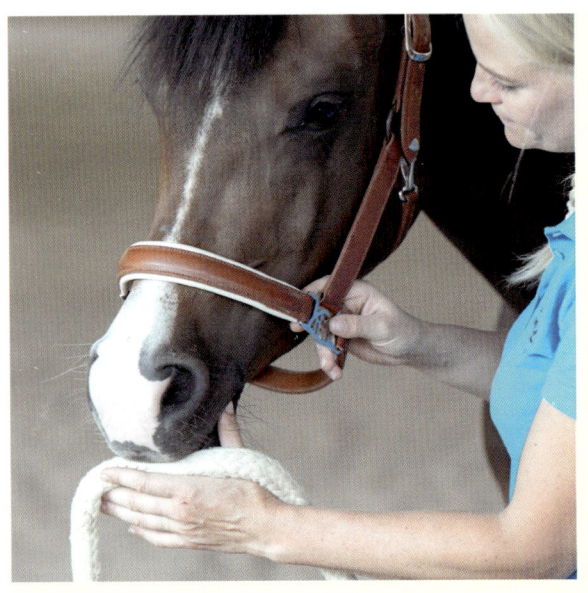 

Trockenübung mit Strick. So gewöhne ich Pferde ans Gebiss.

kennen, reagieren schon mal etwas komisch, wenn sie zum ersten Mal einen Gegenstand im Maul haben, der kein Futter ist. Manche bewegen den Kopf so sehr, dass ihnen das Eisen gegen die Zähne donnert. Das ist natürlich unangenehm und das möchte ich vermeiden.

Wenn ich auf der linken Seite des Pferds stehe, verfahre ich so: Mit der rechten Hand greife ich das Halfter an der Wange, um zu verhindern, dass mich das Pferd trifft, sollte es mit dem Kopf schlagen. Dann lege ich meine linke Hand ans Pferdekinn und verharre kurz in dieser Position. Sollte sich das Pferd dabei bewegen, wiederhole ich diese kleine Übung, bis das Pferd dabei ruhig stehen bleibt.

Dann nehme ich den Strick mit der linken Hand und gehe mit meinem Daumen an die Maulspalte des Pferds, so dass es das Maul öffnet (wie vorher beigebracht). Im Anschluss führe ich bei geöffnetem Maul den Strick ins Maul und lege mir den Strick über den Daumen, der sich nach wie vor im Pferdemaul befindet. Nach einem kurzen Moment nehme ich Daumen und Strick wieder raus. Diese Übung wiederhole ich, bis das Pferd diesen Vorgang als etwas ganz Normales abgespeichert hat, es den Strick artig ins Maul nimmt und dabei keinen Stress hat.

Schritt 2 – Trensen
Klappt das, geht's ans eigentliche Trensen – jedoch zunächst in einer abgespeckten Version: Ich baue die Trense auseinander, so dass ich nur das Kopfstück mit dem Gebiss in der Hand habe. Alle anderen Riemen und eine eventuell vorhandene Kinnkette mache ich ab. Auch die Zügel lasse ich zunächst weg. Üblicherweise legt man diese ja vor dem Trensen über den Hals, aber das finde ich anfangs zu gefährlich. Stell Dir vor, Du hast die Zügel über dem Pferdehals, das Tier erschrickt und rennt rückwärts. Dann kann es leicht passieren, dass Du die

Trense loslässt und diese vor den Füßen des Pferds baumelt. Das Pferd kann sich dann darin verheddern und Panik bekommen – mal ganz abgesehen davon, dass die Trense danach vermutlich Schrott ist. Ich bin bei solchen Sachen einfach immer lieber etwas vorsichtiger und lasse die Zügel daher anfangs komplett weg.

Die »abgespeckte« Trense zeige ich zunächst dem Pferd. Das Halfter ist nach wie vor am Pferdekopf. Erst wenn das Pferd das Trensen positiv abgespeichert hat, kann ich das Halfter beim Trensen vorher über den Hals streifen oder ganz abnehmen.

Dann bitte ich das Pferd den Kopf zu senken. Ist der Kopf unten, halte ich das Kopfstück mit der linken Hand vor den Pferdekopf. Im nächsten Schritt übergebe ich es an die rechte Hand. Jetzt nehme ich mit der linken Hand das Gebiss und halte es fest, so dass mein Daumen durch den Gebissring geht und ich gleichzeitig mit dem Daumen seitlich ins Maul gehen kann. Mit Zeige- sowie Mittelfinger halte

Zuerst fordere ich Araberstute Emmy auf, den Kopf zu senken. Die Trense halte ich mit der anderen Hand fest.

Mit der rechten Hand halte ich die Trense, die linke führt das Gebiss ins Maul.

ich das Gebiss vor die Lippen. Sobald das Pferd das Maul öffnet und die Zunge bewegt, senke ich meine rechte Hand leicht ab; meine linke Hand führt das Gebiss ins Maul. Dabei achte ich darauf, dass das Metall nicht die Zähne berührt. Dann greife ich um und streife im letzten Schritt das Genickstück über die Ohren. Dazu knicke ich sanft ein Ohr nach dem anderen nach vorne und ziehe die Trense drüber. Fertig!

Um die empfindlichen Pferdeohren nicht unnötig zu strapazieren, kann man die Trense auch einfach vorher ein paar Löcher weiter stellen, so dass man sie leichter über die Ohren bekommt. Das wird oft bei Pferden empfohlen, die sich nicht gerne beim Trensen das Genickstück über die Ohren ziehen lassen. Grundsätzlich ist das eine gute Idee, jedoch sollte man daran denken, dass bei einem längeren Genickstück automatisch auch das Gebiss tiefer im Maul liegt und möglicherweise an die Zähne kommen kann. Nicht jedes Pferd findet das gut.

Übrigens: Wenn sich das Pferd irgendwann wieder gerne trensen lässt, kannst Du natürlich auch die fehlenden Riemen, Zügel etc. wieder dazu nehmen.

Im Anschluss streife ich die Trense vorsichtig über die Ohren.

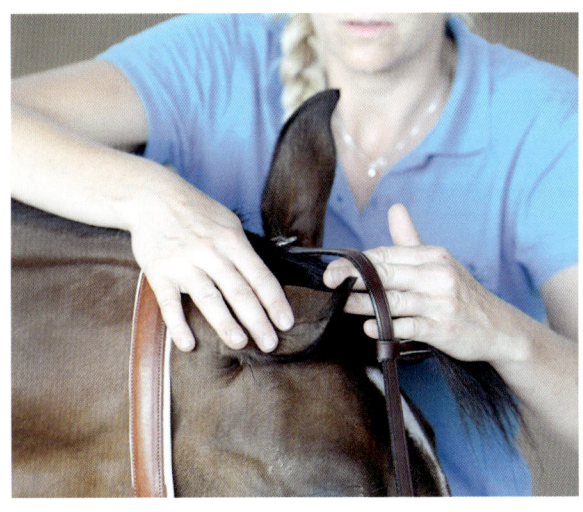

SO STELLST DU DIE TRENSE **RICHTIG** EIN

Ich habe festgestellt, dass Pferde das Gebiss besser akzeptieren, wenn es nur Kontakt zu den Ecken des Pferdemauls hat und dort keine Hautfalte schlägt. Bailey ist das beste Beispiel dafür. Sie mag es überhaupt nicht, wenn ich die Trense so einstelle, dass sich im Maulwinkel eine Falte bildet. Natürlich ist das von Pferd zu Pferd unterschiedlich. Ich möchte Dich nur darauf aufmerksam machen, dass auch hier eine mögliche Ursache wurzeln kann, wenn Pferde sich nur ungern trensen lassen. Probiere aus, welche Länge Dein Pferd am liebsten mag.

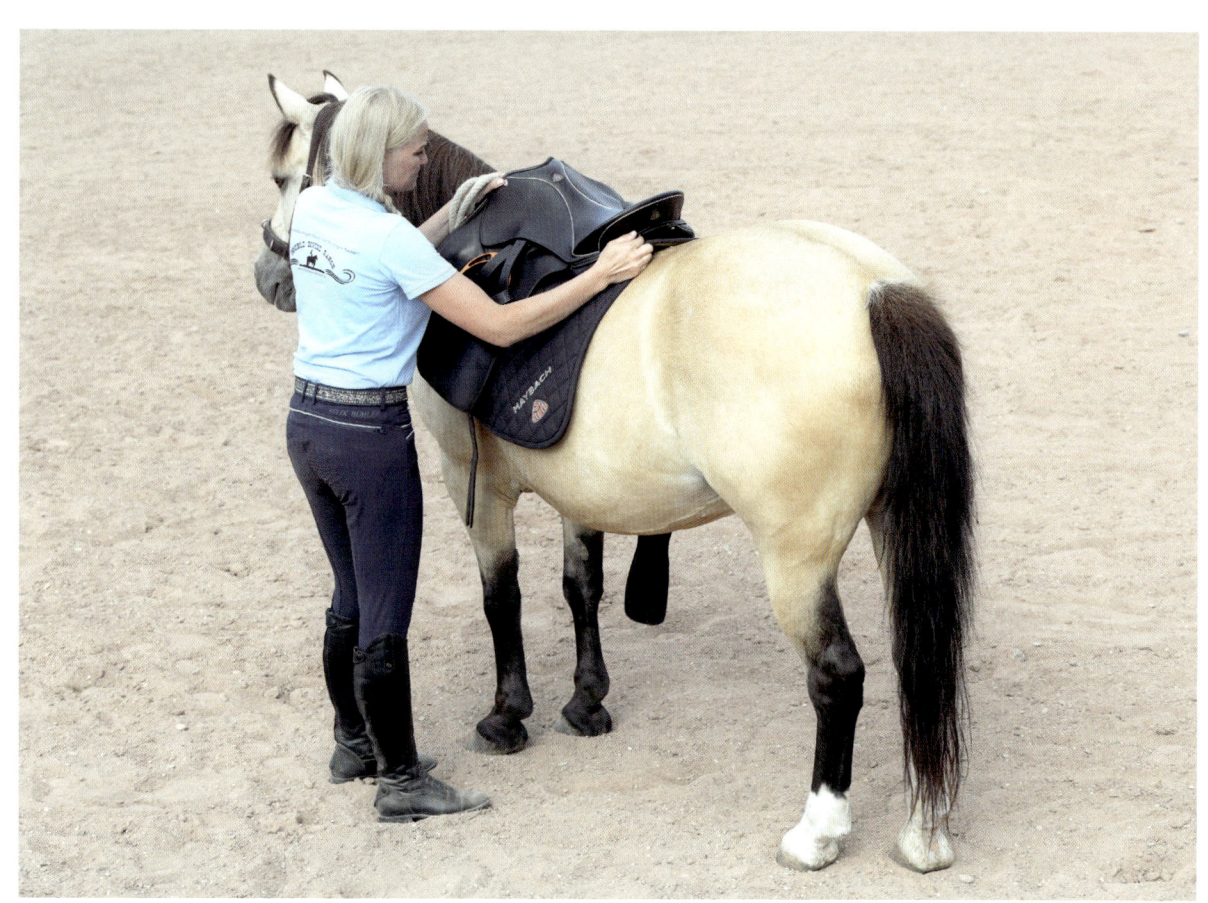

Mein Pferd giftet beim Satteln.

Grundsätzlich würde ich bei solchen Pferden immer die Passform von Sattel und Gurt von einem Experten checken lassen. Denn die besten Trainingstipps helfen nicht, wenn das Pferd vom Equipment Schmerzen hat.

Liegt es weder an der Passform von Sattel oder Gurt, kann das schwierige Verhalten diese Ursache haben: Pferde haben von Natur aus Sorgen mit dem Satteln und Gurten. Sie sind es einfach nicht gewohnt, dass etwas auf ihrem Rücken liegt, geschweige denn dass ein Gurt um ihren Bauch geschnallt wird.

Was ich auf keinen Fall mit so einem Pferd machen würde: Einen Deckengurt oder Sattel aufs Pferd schnallen und das Tier unkontrolliert oder sogar unbeobachtet einfach eine Zeit lang in die Box, auf den Paddock oder in die Halle sperren, damit es sich daran »gewöhnen« kann. Mir persönlich ist das viel zu gefährlich. Das Pferd versucht womöglich dem Druck zu entkommen und bockt in der Box, springt über die Reithallenbande oder rennt kopflos durch den Weidezaun.

Stattdessen würde ich mit solch einem Pferd das Satteln neu erarbeiten. Als erstes übe ich das Gurten: Dazu binde ich das Pferd nicht an, sondern halte den

Schritt 1: Ich schwinge ein Seil um den Pferdebauch.

Schritt 2: Dann ziehe ich das Seil vorsichtig an, so dass ein leichter Druck am Pferdebauch entsteht.

Danach übe ich mit einem Pad und einem Deckengurt.

Strick locker in der Hand, und stelle mich seitlich neben das Tier – ungefähr auf Schulterhöhe. Auf jeden Fall so, dass wenn das Pferd losstürmt oder das Bein anhebt, mich nicht treffen kann. Dann bereite ich das Tier aufs Gurten vor. Dazu nehme ich ein Seil und schwinge es locker um den Pferdebauch – mal von unten, mal von oben. Ich selbst bleibe dabei ganz entspannt. Ich wiederhole diesen Vorgang, bis auch das Pferd dabei ruhig stehen bleibt und das Seilschwingen akzeptiert.

Klappt das, lasse ich das Seil über dem Pferderücken liegen und greife auf meiner Seite beide Enden. Ich nehme das Seil vorsichtig an, so dass ein leichter Druck am Pferdebauch entsteht. Dann lasse ich wieder los. Viele Pferde finden diese Übung etwas gruselig. Sie akzeptieren den Druck leichter, wenn sie sich dabei bewegen dürfen. Apropos Bewegung: Letztendlich würde ich die Übung mit allen Pferden auch in Bewegung machen – beim Führen und Longieren. Alternativ kann man zu diesem Zeitpunkt auch das Seil durch einen elastischen Deckengurt ersetzen.

Hat das Pferd keine Sorgen mehr mit Seil und Deckengurt, kannst Du wieder mit Deinem Sattel und Gurt üben. Achte darauf, den Gurt in mehreren Etappen festzuziehen. Gib dem Pferd Zeit, sich jedes Mal neu daran zu gewöhnen. Dieser Tipp ist ja eigentlich ein alter Hut, trotzdem beobachte ich immer wieder

Reiter, die den Gurt sofort komplett festziehen. Das finden die wenigsten Pferde gut. Allerdings solltest Du den Gurt schon so fest anziehen, dass der Sattel nicht unter den Bauch rutschen kann, wenn das Pferd mal einen Satz zur Seite macht.

Das eigentliche Satteln ist dann meist dank der guten Vorbereitung kein wirkliches Problem mehr. Ich übe zunächst mit einem Deckengurt und einem Western-Pad. Ich führe das Pferd und longiere es. Klappt das, nehme ich einen Sattel. Dabei achte ich besonders darauf, dass ich auch deutlich an den Steigbügeln wackle und sich das Pferd daran gewöhnt, dass die Dinger auch klackern und an seinen Bauch kommen können. Wenn man so vorgeht, wird das Pferd das Satteln und Gurten in kurzer Zeit als etwas völlig Normales ansehen und dabei ganz entspannt bleiben.

WIE SCHWINGST DU DEN SATTEL AUFS PFERD?

Es gibt ja nichts, was es nicht gibt: Ich habe schon den ein oder anderen Reiter gesehen, der den Sattel von vorne, also über den Pferdehals, auf den Pferderücken schwingt. Hierbei kann es leicht passieren, dass beispielsweise die Steigbügel gegen Pferdekopf- oder Hals klatschen, das Tier das als unangenehm empfindet und sich deswegen nicht mehr so gerne satteln lässt.

Mein Pferd springt beim Absatteln weg.

Ich kenne Pferde, die wegspringen, sobald man den Sattel vom Rücken nimmt. Das liegt oft am Menschen.

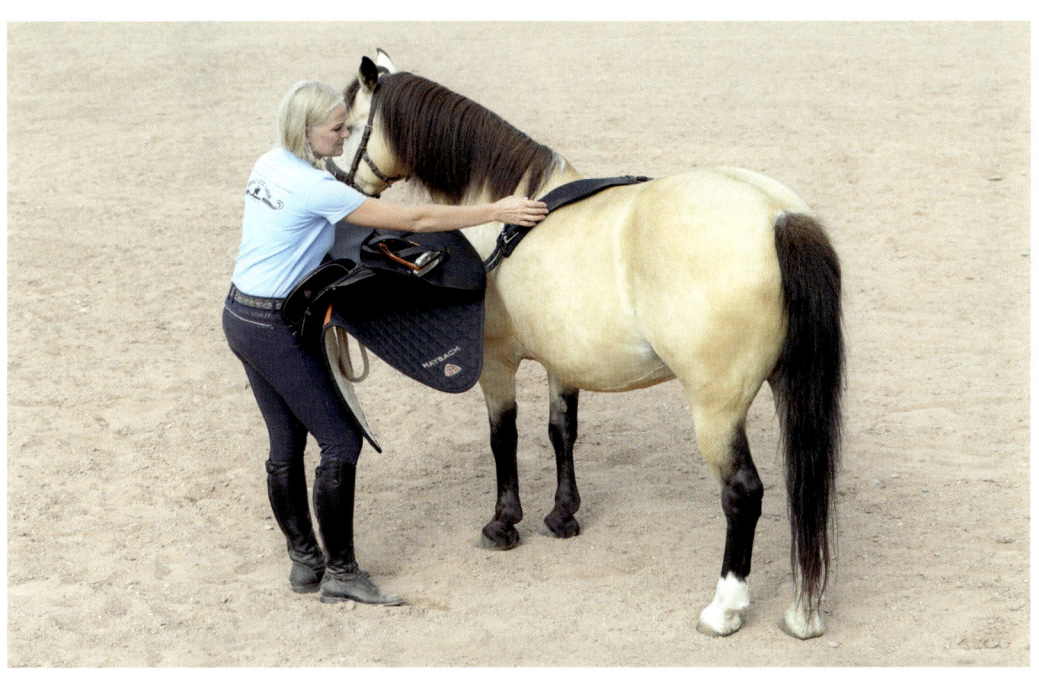

Kapitel 5 — HILFE BEI TYPISCHEN HERAUSFORDERUNGEN MIT PFERDEN

Manche Reiter nehmen den Sattel nicht vom Rücken, sondern ziehen ihn regelrecht runter, so dass es dem Pferd unangenehm ist.

Um das Problem zu lösen, muss vor allem der Mensch auf seine Handgriffe achten und schauen, dass er nicht so ruppig mit dem Pferd umgeht. Jedoch ist es damit oft nicht allein getan. Das Tier hat das problematische Verhalten meist schon verinnerlicht. Um dieses Verhalten »umzuprogrammieren« sollte man sich ein Areal zum Üben suchen, wo man viel Platz außen herum hat. Dann nimmt man das Pferd am Kopf etwas kürzer. Der Kopf bleibt trotzdem gerade nach vorn gerichtet. Es geht mir dabei nur darum, dass man mit einem kürzeren Strick eine etwas direkter Kontrolle über das Pferd hat. Dann löst man den Sattelgurt und schaut, dass sowohl Gurt als auch Steigbügel nicht unnötig am Pferd baumeln und es irritieren können. Im nächsten Schritt lässt man den Sattel behutsam am Pferd runterrutschen – nicht zu zaghaft, aber auch nicht zu ruppig. Es soll angenehm fürs Pferd sein. Diesen Vorgang wiederholt man, bis das Pferd dabei keine Sorgen mehr hat.

Mein Pferd rennt beim Abnehmen der Trense rückwärts.

Training fertig, Trense runter, fertig. So einfach ist es leider nicht bei jedem Pferd. Manche Tiere flüchten regelrecht, wenn man ihnen die Trense vom Kopf nehmen will. Warum?

Das Abtrensen wird gerne unterschätzt und so mancher Reiter schenkt diesem Vorgang nur wenig Beachtung. Da knallt das Gebiss gegen die Pferdezähne oder man vergisst den Backenriemen vorher zu öffnen und zieht dem Pferd die Trense mühsam vom Kopf. All das finden Pferde nicht wirklich angenehm. Sollte Dein Pferd mit dem Abtrensen Probleme haben, musst Du Dir leider zunächst an die eigene Nase greifen und Dein Handeln hinterfragen. Bist Du beim Abtrensen höflich zu Deinem Pferd?

Um dem Pferd das Abtrensen wieder schmackhaft zu machen, würde ich dem Pferd zunächst vorher das Halfter um den Hals schnallen und den dazugehörigen Strick festhalten. Binde das Pferd nicht an. Das ist viel zu gefährlich.

Dann bittest Du das Pferd, den Kopf zu senken. Die Zügel der Westerntrense (offene Zügel) legst Du über Deinen Arm, bei einer englischen Zäumung positionierst Du die Mitte der geschlossenen Zügel einfach oben auf dem Genickstück. Jetzt öffnest Du Nasen-, Genickriemen und gegebenenfalls auch Kinnkette.

Dann gehst Du die Schritte vom Trensen (siehe Seite 104) einfach rückwärts: Bewege erst das eine Ohr sanft nach vorne, dann das andere und nimm das Genickstück vom Kopf. Im Anschluss greifst Du die Trense mit der rechten Hand. Führe das Kopfstück langsam nach unten. Gleichzeitig nimmst Du den linken Daumen seitlich in die Maulspalte, damit das Pferd das Maul öffnet. Achte beim Herausnehmen des Metalls darauf, dass es nicht gegen die Zähne schlägt.

Von Mal zu Mal wird das Pferd lernen, dass das Abtrensen nicht mehr unangenehm ist und es keinen Grund gibt,

Mit hibbeligen Pferden mache ich kognitive Aufgaben wie ein paar Tritte seitwärts.

rückwärts zu rennen. Bei traumatisierten Pferden kannst Du den Vorgang auch ohne Gebiss und lieber mit Strick im Maul üben (siehe dazu »Mein Pferd lässt sich ungern trensen«).

Ist das Pferd besonders empfindlich an den Ohren und mag es nicht, wenn Du die Ohren nach vorne klappst, um die Trense abzunehmen, kannst Du diesen Vorgang auch ohne Trense simulieren: Streiche mit Deiner Hand oder Deinem Arm dem Pferd wiederholt von hinten nach vorne über die Ohren, bis es damit keine Probleme mehr hat.

Mein Pferd hört mir bei der Bodenarbeit nicht zu und tänzelt um mich herum.

Wenn Dein Pferd sich um Dich herumbewegt, um sich dem Training zu entziehen, dann versuche bitte nicht, es zu beruhigen oder es noch mehr zu hetzen. Das bringt nichts. Viel effektiver sind Übungen, bei denen sich das Pferd wieder konzentrieren muss wie beispielsweise Seitengänge. Schritt für Schritt holst Du Dir über solche Lektionen wieder die Aufmerksamkeit des Pferds und beruhigst es gleichzeitig, ohne auf es einzureden.

Der Flügelschlag fürs Rückwärts.

Bei manchen Kandidaten musst Du auch einfach mal aus Liebe »Nein« sagen und das Pferd korrigieren, indem Du es ein paar Schritte rückwärts schickst. Je nach Pferd muss man dabei auch mal etwas bestimmter werden. Handelt es sich beispielsweise um einen kleinen Kasper, werde ich beim Zurückschicken auf die alte Position mit meiner Körpersprache deutlicher und baue mich auf, um dem Pferd klar zu machen: »Jetzt ist aber mal Feierabend.«

Die beste Korrekturmaßnahme hilft jedoch nichts, wenn das Pferd noch nie in seinem Leben richtig gelernt hat, ruhig stehen zu bleiben. Ist das der Fall bei Deinem Pferd, würde ich das Stillstehen komplett neu erarbeiten und so vorgehen, wie ich es in Kapitel 4 beschreibe.

Mein Pferd hält beim Führen nicht auf mein Signal an.

In Kapitel 4 beschreibe ich, wie Du ein Pferd stoppst. Reagiert es nicht und läuft einfach weiter, bleibst Du auf Deiner Stelle stehen und zupfst mehrmals leicht am Halfter. Wichtig ist, dass Du nur Impulse gibst und keinen Dauerzug aufbaust. Das bringt nichts, denn erstens erzeugt permanenter Druck immer Gegendruck und zweitens stumpft der Dauerzug das Pferd ab. Im schlimmsten Fall lernt das Pferd irgendwann, sich einfach mit seinen mehreren hundert Kilo ins Halfter gegen Dich zu stemmen, weiterzulaufen und Dich hinter ihm herzuziehen. Du kannst als Stopp-Hilfsmittel auch eine Gerte verwenden und dem Pferd damit den Weg nach vorne optisch versperren, indem Du die Gerte waagrecht in ausreichendem Abstand vors Pferd hältst.

Hört das Pferd nicht auf diese Hilfen und läuft einfach weiter oder tänzelt um Dich herum, startest Du einen neuen Versuch. Sei dieses Mal mit Deinen Impulsen am Halfter bestimmter und halte abrupt an. Zusätzlich kannst Du dem Pferd mit der Gerte einen Klaps vor die Brust geben.

Wer ohne Gerte arbeitet, kann das Seilende dazu verwenden. Wichtig ist, dass Du so bestimmt wie nötig bist. Das Pferd sollte jetzt anhalten. Da musst Du Dich durchsetzen.

Sobald das Pferd steht, schickst Du es sofort und ohne zwischendurch anzuhalten fünf bis zehn Schritte zur Korrektur rückwärts. Mit dieser Maßnahme forderst Du den Respekt und die Aufmerksamkeit des Pferds ein. Stelle Dich dazu aufrecht vors Pferd, mach Dich groß und gib

Und halt! Mit der Gerte versperre ich dem Pferd optisch den Weg nach vorne.

Impulse am Halfter oder schicke das Pferd mit Hilfe Deiner Körpersprache (Flügelschlag mit den Armen machen – wie ein Huhn) zurück. Schüttle bei Bedarf zusätzlich das Seil. Das Pferd muss merken, dass Du es absolut ernst meinst. Es soll schließlich irgendwann genau an der Stelle anhalten, an der Du das Signal zum Anhalten zum ersten Mal gibst. »Whoa« heißt »Whoa«. Jeder Schritt zu viel nach vorne ist falsch, das heißt unerwünscht. Aber Vorsicht: Übertreibe es nicht mit dem Rückwärtsschicken. Das Pferd soll keine Angst vor Dir bekommen.

Mein Pferd versucht mich zu beißen.

Ich beobachte dieses Verhalten häufiger bei Pferden, die irgendwann mal zu nah an den Menschen kommen durften im Sinne von »ein Leckerli selbst aus der Jackentasche holen« und so weiter. Ganz ehrlich: Ich liebe es auch, meine Pferde so nah wie möglich bei mir zu haben, aber das geht zu weit. Dieses Verhalten kann richtig gefährlich werden, denn Pferde merken sich das schnell und werden dahingehend oft sehr fordernd, indem sie den Reiter irgendwann zwicken, wenn dieser sie mal nicht an die Jackentasche lässt oder sie da drin kein Futter finden. Dann kommt Frust auf, der in Aggression münden kann. Daher kann ich nur jedem Reiter raten: Fangt bitte mit solchen Tüddeleien gar nicht erst an. Da erspart man sich viel Ärger.

Ist das sprichwörtliche Kind in den Brunnen gefallen, haben wir nämlich ein handfestes Rangordnungsproblem vorliegen. Das Pferd versucht über das Zwicken nicht nur an die Leckerbissen zu kommen, sondern setzt Dich auch unter Druck. Es will die Rangfolge mit Dir klären, denn wer Chef ist, hat die Hoheit übers Futter. Hat sich das Pferd bei Euch beiden durchgesetzt, ist die Aggressivität wiederum ein normales Verhalten, denn es ist lediglich Ausdruck der Überlegenheit des Pferds.

Wie bringe ich die Rangfolge wieder in die richtige Ordnung? Dazu brauchst Du das Pferd nicht zurück beißen oder nach ihm austreten. Aber Du solltest das Pferd schon »bestrafen«, wenn es versucht, Dich zu zwicken. Dieser Klaps muss so dosiert sein, dass das Pferd eine Unterlegenheitsgeste wie Ausweichen zeigt. Der Klaps darf nicht ins Gesicht erfolgen, sonst haben wir bald noch ein kopfscheues Tier.

Versucht das Pferd mich beim Führen zu zwicken, würde ich es so führen und darauf achten, dass ich den Schatten vom Pferd vor oder neben mir auf dem Boden sehe, ohne dass ich dabei meinen Kopf nach dem Pferd umdrehen muss. Dafür eignet sich Morgenlicht oder Abendlicht am besten. Sobald das Pferd zum Zwicken ansetzt, kann ich das sehen und schwinge sofort Seil oder Gerte nach dem Pferd, ohne mich dabei umzudrehen oder stehen zu bleiben. Die meisten Pferde sind von dieser Reaktion sehr beeindruckt. Sie gehen nicht davon aus, dass wir Menschen auch im Hinterkopf Augen haben. Das imponiert!

Darüber hinaus würde ich mit solchen Kandidaten vertrauens- und respektbildende Übungen machen. Inspiration dafür findest Du bei meinen Basics-Übungen in Kapitel 4.

Ich kann am Schatten erkennen, wann das Pferd mir zu nah kommt und schicke es dann sofort zurück.

Eine andere Ursache fürs Zwicken kann Angst sein. Mache Pferde beißen, um sich zu verteidigen. Sie vertrauen dem Menschen nicht oder haben schlechte Erfahrungen gemacht. Diese Pferde darf man für ihr Verhalten nicht bestrafen. Das würde alles nur schlimmer machen, weil sich das Pferd dann in seiner Annahme bestätigt fühlt, dass der Mensch gefährlich ist. In der Regel legt sich das Verhalten, wenn die Pferde Vertrauen in den Menschen fassen. Auch hierbei helfen meine Basic-Übungen.

Und dann gibt es noch Pferde, die nach dem Reiter schnappen, weil sie Schmerzen haben. Ganz klar steht hier an erster Stelle, die Ursache zu beheben wie den Sattel anpassen zu lassen oder eine Krankheit zu behandeln. Meist bleibt darüber hinaus aber trotzdem ein aggressives Verhalten bestehen. Hier liegt ein gewisser Lernvorgang vor. Solche Pferde gehören meiner Meinung nach in Profi-Hände, weil die Lösung des Problems sehr komplex sein und viel Fingerspitzengefühl erfordern kann.

Mein Pferd trödelt beim Führen.

Trödelt das Pferd neben Dir, kannst Du die Gerte oder das Ende des Stricks Richtung Hinterhand anheben bzw. schwingen. Reagiert das Pferd darauf nicht, kannst Du es mit dem Strick an der Kruppe berühren oder mit der Gerte antippen. Nutze dazu am besten eine längere Gerte; mit einer kurzen Springgerte erreichst Du den Pferde-Po wahrscheinlich nicht. Auch hierbei gilt: So wenig wie möglich und so viel wie nötig. Auf jeden Fall muss Deine Hilfe so dosiert sein, dass das Pferd sich anstrengt und wenn es nur ein ganz kleines bisschen schneller ist. Dann seid Ihr auf dem richtigen Weg. Bleibe konsequent dran.

Mein Pferd rempelt beim Führen.

Auch wenn Du Dein Pferd zum Knutschen gerne hast, beim Führen darf das Pferd dem Menschen nicht auf die Pelle rücken und sollte einen respektvollen Abstand einhalten. Das stärkt Deine Führungsqualitäten. Darüber hinaus ist ein respektvoller Abstand auch immer ein wichtiger Sicherheitsfaktor. So kann das Pferd auch mal einen Satz zur Seite machen, ohne dass es Dir gleich auf dem Fuß steht oder Dich umboxt.

So kannst Du Deinem Pferd beibringen, einen gewissen Abstand zu Dir einzuhalten: Kommt das Pferd Dir beim Führen zu nah, drehst Du Dich sofort vor ihm ein, so dass Du Dich frontal vor dem Pferd befindest. Mach Dich groß und schick das Pferd ein paar Schritte zurück, um es zu korrigieren. Wie das Rückwärts-Schicken funktioniert liest Du bei der Basic-Übung »Rückwärts gehen« in Kapitel 4 und beim Problem »Mein Pferd hält beim Führen nicht auf mein Signal an«.

Eine andere Möglichkeit: Laufe mit dem Pferd spazieren und zwar so, dass Du den Schatten des Pferds auf dem Boden neben oder vor Dir siehst. So kannst Du gut beobachten, was das Pferd hinter Dir macht, ohne ihm dabei Aufmerksamkeit zu schenken. Dafür eignet sich übrigens Morgenlicht oder Abendlicht am besten. Kommt das Pferd in Deinen Bereich, kannst Du einfach mal Dein Bein nach hinten anheben oder den Strick schwingen und das Tier so auf Abstand halten. Wichtig dabei: Dreh Dich nicht um. Genau das ist der Überraschungseffekt fürs Pferd. Pferde finden es gruselig, wenn sie denken, dass wir Menschen auch im Hinterkopf Augen haben. Viele Pferde sind davon sehr beeindruckt.

Gute Erfahrungen mache ich darüber hinaus mit dem Prinzip vom Führen, Folgen und Weichen, sprich ich laufe vorweg und gehe ganz enge Wendungen in beide Richtungen, lasse mal die Vorhand des Pferdes weichen, dann die Hinterhand, gehe wieder weiter und so weiter. Das Pferd muss mir dabei folgen beziehungsweise vor mir weichen. Durch diese Übung achten viele Pferde besser auf den Menschen.

Mein Pferd überholt mich beim Führen.

Wird das Pferd zu schnell, kannst Du entweder die Gerte vor die Pferdenase halten oder am Strick schütteln. Lässt das Pferd sich dadurch nicht beeindrucken, kannst Du ihm auch mal einen leichten Klaps vor die Brust geben. Aber selbst danach schleichen manche Ponys sich immer wieder nach vorne. In diesem Fall greife ich gerne auf zwei Lösungswege zurück, die ich beim Problem »Mein Pferd rempelt beim Führen« bereits beschrieben habe: den Schatten

Das Pferd soll beim Longieren auf einem korrekten, runden Zirkel gehen.

des Pferds beobachten und frühzeitig eingreifen sowie den Flügelschlag.

Mein Pferd geht beim Longieren nicht raus auf den Zirkel.

Bei diesem Problem hapert es oftmals an der Kommunikation zwischen Mensch und Tier. Ich beobachte, dass viele Reiter beim Versuch, das Pferd auf den Zirkel zu schicken, ihre Position in der Kreismitte verlassen und stattdessen in einem Mini-Kreis rückwärts gehen, um dem Pferd irgendwie den Weg raus auf den Zirkel zu zeigen. Das Pferd kann dieses Verhalten leicht falsch verstehen: Es denkt, es soll dem Menschen folgen.

Oder Du bist nicht bestimmt genug. Du musst das Pferd von Deiner Position aus sowohl vorwärts treiben als auch über die Schulter nach außen schicken. Voraussetzung, dass das klappt, ist natürlich, dass das Pferd sowohl Deine Vorwärts-Hilfe als auch das Signal fürs Weichen der Vorhand kennt. Wie Du dem Pferd das beibringst, liest Du in Kapitel 4.

Und dann gibt es wiederum Kandidaten, die die Aufgabe einfach nicht verstehen. Um dem Pferd zu vermitteln, was Du von ihm gerne hättest, kannst Du gut mit einer Doppellonge arbeiten. Hier lenkst Du das Pferd über die äußere Leine auf die Zirkellinie. Mit diesem Training kannst Du dem Pferd leicht auf die Sprünge helfen.

EIN WUNDERBARES HILFSMITTEL: **DIE DOPPELLONGE**

Ich arbeite grundsätzlich mit allen Pferden, besonders gerne aber mit jungen Tieren und Pferden, die Probleme beim Longieren haben, mit einer Doppellonge. Dabei handelt es sich um zwei sehr lange Zügel, die jeweils links und rechts in den Kappzaum oder das Gebiss geschnallt werden. Zusätzlich werden die Leinen durch einen Longiergurt oder die Steigbügel gefädelt und laufen dann nach hinten aus.

Ich bevorzuge es, die Doppellonge durch die Steigbügel zu fädeln.

Beim Longiergurt werden die Pferde oft so eng im Hals, wenn man eine Leine mal etwas annimmt. Das finde ich nicht so gut. Wenn man die Leinen durch die Bügel fädelt, kann man das Pferd wesentlich feiner kontrollieren. Außerdem klappern die Steigbügel beim Laufen gegen den Bauch. Das ist nebenbei auch eine sehr gute Gelassenheitsübung und Vorbereitung aufs Reiten.

Mit den Leinen kann ich das Pferd vom Boden aus steuern. Wirkungsweise und Einwirkung des Menschen muss man sich wie beim Reiten vorstellen, nur dass Schenkel- und Gewichtshilfen fehlen. An der Doppellonge kann ich das Pferd direkter und feiner steuern als mit nur einer Longe.

Wenn ein Pferd die Doppellonge noch nicht kennt, muss man es vorher darauf vorbereiten, dass die Leinen an den Hinterbeinen schlackern. Manche Pferde finden das total gruselig. Gleiches gilt für das Schwingen der Leinen an der Kruppe, um das Pferd anzutreiben.

Am besten ist es, sich das Doppellongen-Training von einem Ausbilder zeigen zu lassen, der das gut kann. Denn über das richtige Handling der Doppellonge könnte ich ein weiteres Buch verfassen.

Mein Pferd trödelt beim Longieren.

Dieses Problem hat mehrere Ursachen. Zum einen kann es sein, dass Du Deine Körpersprache nicht richtig einsetzt. Das Pferd spiegelt ja immer unsere Energie. Wenn ich in der Kreismitte total gechillt dastehe, wird ein sensibles Pferd automatisch langsamer. Damit meine ich jedoch nicht, dass man bei jedem Schritt das Pferd »babysitten« muss. Wenn das Tier im gewünschten Tempo läuft, nehme ich mich in der Mitte schon etwas zurück. Aber nicht komplett: Es ist einfach eine gewisse Körperspannung erforderlich, an der das Pferd ablesen kann, dass die Aufgabe noch nicht vorbei ist.

Um das Pferd anzutreiben, mache ich mich groß und bringe Energie in meinen Körper.

Eine andere Ursache: Dem Pferd ist das Longieren einfach zu langweilig. »Warum soll ich im Kreis rumrennen? Das ergibt doch keinen Sinn«, denkt es vielleicht. Grundsätzlich finde ich, dass artiges Longieren schon zu einer guten Erziehung gehört, man es damit aber nicht übereiben sollte. Stundenlanges Rumrennen im Kreis ist langweilig für Pferde. Punkt.

Ich würde daher das Training so spannend wie möglich gestalten. Probiere doch mal das körpersprachliche Longieren (siehe Basic-Übung in Kapitel 4), die Arbeit mit der Doppellonge oder Equikinetic von Pferdetrainer Michael Geitner aus. Du kannst auch Stangen auf den Boden legen, über die das Pferd traben muss oder, oder, oder. Es gibt so viele Möglichkeiten, wie man das Training fürs Pferd interessant gestalten kann. Lass Deiner Kreativität freien Lauf!

Was faule Pferde darüber hinaus auch super motiviert (gilt ebenfalls fürs Reiten), ist Intervall-Training. Hierbei muss das Pferd in einer bestimmten Zeit seiner Aufgabe nachkommen, danach folgt eine definierte Pause, in der es sich ausruhen kann. Ein Beispiel: Eine Minute forderst Du ein flottes Tempo vom Pferd, dann darf das Tier eine halbe Minute das Tempo selbst bestimmen und so weiter. Anfangs kann es schon reichen, wenn das Pferd für wenige Sekunden im gewünschten Tempo läuft. Nach und nach kannst Du diese Zeit ausdehnen – aber immer mit der Aussicht auf eine Pause fürs Pferd! Wichtig ist auch, dass der Mensch die Ansage macht, wann das Pferd langsamer gehen darf. Man muss dem Pferd also immer einen Schritt voraus sein.

Mein Pferd hält beim Longieren beim Handwechsel an und bleibt vor mir wie angewurzelt stehen.

Ob beim körpersprachlichen Longieren oder beim normalen Longieren, manche Pferde bleiben beim Handwechsel plötzlich stehen und bewegen sich keinen Meter mehr.

Eine mögliche Ursache liegt in der Körpersprache des Menschen. Vielleicht ist es dem Pferd unangenehm, sich Dir frontal zu nähern. Probiere aus, wie das Pferd reagiert, wenn Du einen Schritt zur Seite machst und dem Pferd so den Weg in die neue Richtung frei machst.

Eine andere Möglichkeit: Lass die Hinterhand des Pferds weichen, dann kommt das Pferd normalerweise automatisch wieder in Gang (siehe Übung »Mit der Hinterhand weichen«). Achte dabei auf Deine Position. Du darfst dem Pferd nicht im Weg stehen.

Handelt es sich schon um ein ritualisiertes Verhalten, solltest Du zur Korrektur eine Doppellonge verwenden. So kannst Du bereits das problematische Verhalten im Keim »ersticken«, indem Du das Pferd mit der äußeren Leine wieder auf die Kreisbahn lenkst, sobald es stehen bleibt.

Mein Pferd lässt sich beim Longieren nicht gut nach innen stellen und guckt immer wieder nach außen.

Ich sehe immer wieder Reiter, die mit ständigen Impulsen oder Dauerzug am Pferdekopf versuchen, dieses Problem zu korrigieren. Leider ist das total kontraproduktiv. Die meisten Pferde lassen sich dadurch nicht leichter stellen – auch nicht, wenn man es hundert Mal übt.

Vielmehr haben die Tiere das Stellen und Biegen noch nicht verinnerlicht. Mit solchen Kandidaten übe ich zunächst das Stehen und Führen an der Hand in Stellung. Am besten rüstet man das Pferd mit einem Kappzaum aus. So kann man den Kopf gut kontrollieren und dem Pferd vermitteln, was es tun soll.

Ich übe mit Chex me das Führen an der Hand in Stellung.

Um die natürliche Schiefe zu verbessern eignen sich unter anderem Seitengänge an der Hand.

Andere Pferde drängen auf dem Zirkel nach außen, weil sie sich auf der Kreisbahn noch nicht richtig halten können. Sie haben Balanceprobleme. Um die Koordination des Pferds zu verbessern, übe ich wie bereits gesagt gerne mit Balance-Pads, die man dem Pferd unter die Hufe legt und auf denen es das Gleichgewicht halten muss. Auch mit den Trainingsprogramm Equikinetic von Michael Geitner habe ich sehr gute Erfahrungen gemacht.

Mein Pferd drängt beim Longieren in die Kreismitte.

Viele Pferde gehen zwar raus auf den Zirkel, driften dann aber wieder Richtung Kreismitte. Hier sollte man als erstes seine Körpersprache überprüfen. Vielleicht fühlt sich das Pferd eingeladen, zum Menschen zu kommen?

Eine andere Ursache kann die natürliche Schiefe des Pferds sein. Typisch: Dem Pferd fällt das Longieren in die eine Richtung leichter als in die andere. Hierbei sollte man nicht den Fehler machen und das Pferd mit Druck auf die innere Schulter (beispielsweise mit der Gerte) nach außen schicken. Das Pferd kann vom Körper her ja nicht anders. Ich würde hier lieber mit der Doppellonge arbeiten. So kann man das Pferd schön einrahmen. Darüber hinaus würde ich nicht nur Zirkelarbeit machen, sondern auch andere

Hufschlagfiguren üben, um das Pferd zu gymnastizieren. Super sind auch Seitengänge. So bekommt man die natürliche Schiefe langfristig in den Griff und dem Pferd wird das Longieren irgendwann leichter fallen.

Zu empfehlen sind auch Balance- und Koordinationsübungen wie beim Problem »Mein Pferd lässt sich beim Longieren nicht gut nach innen stellen und guckt immer wieder nach außen« beschrieben.

Mein Pferd reißt sich beim Longieren los.

Wer ein Pferd mit diesem Problem hat, muss sich doch öfter über die Tipps anderer Reiter wundern. Da hört man beispielsweise »Du musst Dich stabil hinstellen, etwas in die Knie gehen und dann gegenhalten«. Leichter gesagt als getan. Wir hatten mal einen Haflinger auf der Ranch, der sich immer wieder losgerissen hat. Wir Mädels konnten dem Tier überhaupt nichts mit unserer Körpermasse entgegensetzen. Da hatten wir gar keine Chance. Keine Chance hatte auch ein befreundeter Trainer und Hufschmied, dem ich von dem Problem berichtete und der es nicht glauben konnte, bis er selbst vom Hafi durch die Halle gezogen wurde. Sich einfach gegen das Pferd zu stemmen bringt dementsprechend nicht immer einen Erfolg.

Stattdessen würde ich Folgendes ausprobieren: Wenn ich so ein Pferd longiere, muss ich sehr aufmerksam sein. Sobald ich merke, dass das Pferd auch nur ans Wegrennen denkt, fordere ich es auf, die Hinterhand weichen zu lassen, so dass es mich frontal anschaut. Das wiederhole immer und immer wieder. Das Pferd soll langfristig lernen, dass es die Idee mit dem Losreißen aufgeben kann. Es bringt nichts.

Eine andere Möglichkeit ist, das Pferd an der Doppellonge zu arbeiten. Der Vorteil: Du kannst das Pferd über zwei Leinen kontrollieren. Wenn sich das Pferd beim Longieren von Dir abwendet, gehst Du mit und lenkst es aktiv auf die andere Hand. Nach ein paar Metern dirigierst Du es dann wieder zurück auf die ursprüngliche Zirkellinie. Das Pferd lernt, dass – egal was es macht – es immer wieder an den Ausgangspunkt zurückkommt und es sich nicht lohnt, Reißaus zu nehmen.

Ehrlicherweise muss ich sagen, dass es hin und wieder Pferde gibt, die sich durch diese beiden beschriebenen Lösungswege so gar nicht beeindrucken lassen. Sie nehmen Reißaus – komme was wolle. Bei solchen Kandidaten nehme ich statt der Longe ein Kletterseil, das so lang ist, dass sich das Pferd an jedem Punkt der Halle aufhalten kann und ich es trotzdem noch an der Leine habe. So kann das Pferd zwar wegrennen, ich brauche ihm aber nicht hinterher zu laufen und ein Katze-und-Maus-Spiel mit ihm spielen, sondern ich kann auf meiner Position stehen bleiben und das Pferd immer wieder zu mir holen, egal wo es sich in der Halle befindet. Es kann sich mir nicht entziehen. Spannend zu beobachten ist, dass der Fluchtweg der Pferde von Mal zu Mal kürzer wird … bis sie irgendwann nur noch ansetzen, es sich dann aber doch anders überlegen.

So soll's sein: Chex me bleibt beim Aufsteigen und anschließendem Stehen ganz gelassen.

Kommen wir jetzt zu den Herausforderungen im Sattel. Und hier fangen die Probleme oft schon beim Aufsteigen an.

Mein Pferd zappelt beim Aufsteigen.

Viele Pferde haben Mühe, ruhig stehen zu bleiben, wenn der Reiter sich in den Sattel schwingt. Manche Pferde zappeln bereits, wenn der Reiter einen Fuß in den Bügel nimmt. In diesem Fall würde ich das Bein sofort rausnehmen und das Pferd wieder auf seine ursprüngliche Position schicken. Dann probiere ich es erneut. Diesen Vorgang wiederhole ich mit stoischer Gelassenheit, bis das Pferd verstanden hat, auf was es ankommt und wie angewurzelt stehen bleibt. Diese Strategie funktioniert vor allem bei sensibleren Kandidaten.

Ein anderer Lösungsweg ist, den Fuß im Bügel zu lassen, den Pferdekopf mit dem Zügel zu sich zu drehen und mitzuhüpfen, bis das Pferd anhält. Stoppt das Pferd, lasse ich sofort den Zügel locker, nehme den Fuß aus dem Bügel und gebe dem Pferd eine Pause zum Nachdenken. Im Anschluss probiere ich es nochmal und nochmal und nochmal ... bis das Pferd verstanden hat, was es tun soll, nämlich ruhig stehen zu bleiben.

Andere Pferde zappeln erst, wenn der Reiter im Sattel sitzt. Auch dieses Verhalten ist nicht erwünscht. Der Reiter entscheidet, wann losgeritten wird und nicht das Pferd. Als Nothilfe würde ich in diesem Fall das Tier sofort ein paar Schritte rückwärtsrichten. Damit fordere ich den Respekt des Pferds ein und mache ihm obendrein das Zappeln unbequem. Nach ein paar

Geht das Pferd unaufgefordert los, richte ich es ein paar Schritte rückwärts.

Kapitel 5 HILFE BEI TYPISCHEN HERAUSFORDERUNGEN MIT PFERDEN

Schritten halte ich das Tier wieder an und gebe ihm wieder die Chance, ruhig stehen zu bleiben. Die Zügel lasse ich dabei lang. Wird das Pferd erneut unruhig, geht's wieder rückwärts. Diesen Vorgang wiederhole ich, bis das Pferd verstanden hat, dass Stehenbleiben die deutlich angenehmere Variante ist. Wichtig ist, dass der Reiter bei dieser Übung selbst ruhig bleibt und sich nicht über das Verhalten des Pferds aufregt. Man sollte es mit dem Rückwärtsrichten auch nicht übertreiben, damit das Pferd keine Angst vor dem Reiter bekommt.

Damit sich Pferde beim Aufsteigen gar nicht erst angewöhnen, nach vorne wegzulaufen, bringe ich gerne etwas Abwechslung in die Loslauf-Routine: Ich turne beispielsweise das Pferd auf der Stelle und reite in die entgegengesetzte Richtung los. Das durchbricht die Routine und die Pferde bleiben immer schön aufmerksam. Wichtig ist, dass man nicht immer das Pferd nach Vorne rauslaufen lässt.

Gut und gerne kann man mit dem Üben vom Stillstehen beim Aufsitzen mehrere Trainingseinheiten füllen. Ich finde es wichtig, dass man dieses Problem nicht übergeht, indem man sich schnell aufs Pferd schwingt und losreitet. Stillstehen ist eine ganz wesentliche Übung, die meiner Meinung nach jedes Pferd beherrschen sollte. Meine Pferde lernen daher das Stillstehen bereits als eine der ersten Lektionen am Boden. Wie ich dabei vorgehe, liest Du in Kapitel 4. Der Vorteil: Wenn die Pferde das am Boden verinnerlicht haben, bleiben sie in den meisten Fällen auch beim Aufsitzen ruhig stehen.

Mein Pferd wird beim Reiten eilig.

Es gibt Pferde, die regelrecht durch die Reithalle hechten, als wären sie auf der Flucht. Mit solchen Kandidaten reite ich gerne gerade Linien und Wendungen. Sprich ich gehe ganze Bahn, wende irgendwann Richtung X ab und reite auf die gegenüberliegende Bande zu. Dort angekommen, wende ich wieder auf eine gerade Linie ab und so weiter. Das Motto des Reiters lautet einfach nur: Steuern, steuern, steuern. Das Tempo beeinflusse ich dabei nicht. Mit dieser Übung beschäftige ich das Pferd. Ich gebe ihm einen Job und bringe es so zum Nachdenken. Die meisten Pferde werden nach einer gewissen Zeit von alleine langsamer.

Eine andere Möglichkeit ist, das eilige Pferd auf eine Volte abzuwenden und es auf der Volte zu halten, bis es auch hier wieder von alleine langsamer wird. Ist das Wunschtempo erreicht, reite ich andere Hufschlagfiguren. Wird das Pferd wieder eilig, wende ich wieder auf die Volte ab.

Auch Laurin, mein Trakehner, ist gerne eilig unterwegs. Er ist ein sehr sensibles, aber auch explosives Pferd. Die beiden aufgeführten Lösungswege funktionierten bei ihm nicht. Bei ihm half jedoch diese Strategie: Sobald er eilig wurde, bin ich abgestiegen und habe ihn freilaufen lassen, bis er etwas müder wurde. Laurin hat sehr schnell gemerkt, dass es anstrengend wird, wenn er unterm Reiter eilig wird und legte automatisch einen niedrigeren Gang ein.

Egal welchen Lösungsansatz man ausprobiert, wichtig ist, dass ich mich als

Gerade Linie, abwenden und wieder gerade Linie – diese Übung lässt eilige Pferde zur Ruhe kommen.

Reiter von der Unruhe des Pferds nicht anstecken lasse. Ich muss cool bleiben. In solchen Momenten achte ich ganz besonders auf meine Atmung. Ist sie ruhig und tief, überträgt sich das meist auch aufs Pferd. Darüber hinaus sitze ich tief ein und bringe leichten Druck in die Bügel.

Um diesem problematischen Verhalten vorzubeugen, achte ich bei meinen eigenen sowie meinen Berittpferden darauf, dass ich stets das Tempo unter Kontrolle habe – auch im Schritt. Wenn man die Pferde einfach laufen lässt, schleicht sich dieses problematische Verhalten nämlich gerne manchmal ein und dazu möchte ich es gar nicht erst kommen lassen.

Mein Pferd will im Gelände immer nur fetzen.

Puh, solche Kandidaten können einem den Ausflug ins Grün ganz schön vermiesen.

Ich mache mit dieser Strategie gute Erfahrungen: Sobald das Pferd vorwärts eilt, pariere ich scharf durch und richte es ein paar Schritte rückwärts. Hierbei muss ich sehr fix sein und ein gutes Timing haben. Dann lasse ich das Tier einen Moment stehen. Diesen Vorgang wiederhole ich, bis das Pferd verstanden hat, dass sein aufmüpfiges Verhalten nichts bringt. Es kommt deswegen nicht schneller voran, sondern alles wird nur anstrengender. Wichtig ist auch hier, dass ich mich nicht aus der Ruhe bringen lasse und die Herausforderung ganz cool annehme.

Achtung: Manche Kandidaten werden bei der Übung leicht säuerlich. Hier braucht man eventuell ein etwas längeres Durchhaltevermögen, bis der sprichwörtliche Knoten im Pferdekopf geplatzt ist oder man muss die Strategie ändern. Ein anderer Lösungsansatz wäre, das Pferd mit kleinen Kreisen, Seitengängen oder Schulterherein zu beschäftigen. So hole ich mir die Aufmerksamkeit vom Pferd und bringe es zum Nachdenken, weil es auf seine Füße achten muss. Viele Pferde werden so automatisch langsamer.

Ist man mit einer Gruppe unterwegs, braucht man rücksichtsvolle Mitreiter, die ebenfalls sofort stehen bleiben und warten, bis sich mein Pferd wieder beruhigt hat. Auf diese Weise lernt das Tier, dass die anderen nicht weglaufen und es hinterhereilen muss, sondern dass es erst weitergeht, wenn alle Pferde ruhig sind.

Darüber hinaus muss sich der Reiter bei diesem schwierigen Verhalten auch mal an die eigene Nase fassen, denn wer hat dem Pferd sonst immer erlaubt, loszurennen? Ich halte offen gesprochen nichts von solchen Schnellstarts. Ich galoppiere lieber gemächlich an, steigere kontrolliert das Tempo und mache nach einer gewissen Zeit wieder langsamer. Mit dieser Strategie ist ein gestreckter Galopp auch mal möglich, aber ich habe das Pferd immer unter Kontrolle.

Mein Pferd lässt beim Reiten den Kopf nicht fallen.

Wenn es nicht an Sattel oder Reiter liegt, die im Rücken zwicken, würde ich das Pferd unterm Sattel in einem ruhigen Tempo beschäftigen. Lass das Pferd auf geraden Linien gehen wie beim Problem »Mein Pferd wird beim Reiten eilig« beschrieben ist. Die Kopfhaltung ist mir in diesem Moment egal. Die meisten Pferde lassen mit dieser Übung irgendwann zufrieden Kopf und Hals fallen und laufen locker vorwärts.

Oder probiere das: Lege Dir Stangen oder Dual-Gassen auf den Boden und beziehe diese ins Training ein. Um die Bodenhindernisse zu überwinden, muss das Pferd automatisch Kopf und Hals senken. Wichtig ist, dass Du der Bewegung in die Tiefe mit Deinen Händen folgst und mit den Zügel nachgibst. Dann lernt das Pferd automatisch, dass das die erwünschte Position ist.

Beim Training mit Dual-Gassen senkt das Pferd automatisch Kopf und Hals.

Erfolg versprechend ist die folgende Übung: Stell Dir ein Hütchen auf und reite eine große Volte darum. Schau das Hütchen dabei die ganze Zeit an. Halte das Pferd in leichter Innenstellung auf einer stabilen Kreisbahn. Dazu kannst Du die Hände gerne etwas weiter auseinander und etwas tiefer führen, so dass Du die Pferdeschulter dazwischen hast und diese kontrollieren kannst. Spüre beim Reiten genau, wann das Pferd nach innen drückt und wann nach außen. Versuche entsprechend gegenzusteuern, um das Pferd auf der Volte zu halten. Viele Pferde senken bei dieser Übung bereits nach kurzer Zeit Kopf und Hals. Wenn Du diesen Moment spürst, dann gibst Du sofort nach. So lernt das Pferd, dass dies die gewünschte Reaktion ist. Ganz clevere Kandidaten haben das bereits nach wenigen Versuchen raus. Hier musst Du dann aufpassen, dass sie sich nicht nach unten rausmogeln.

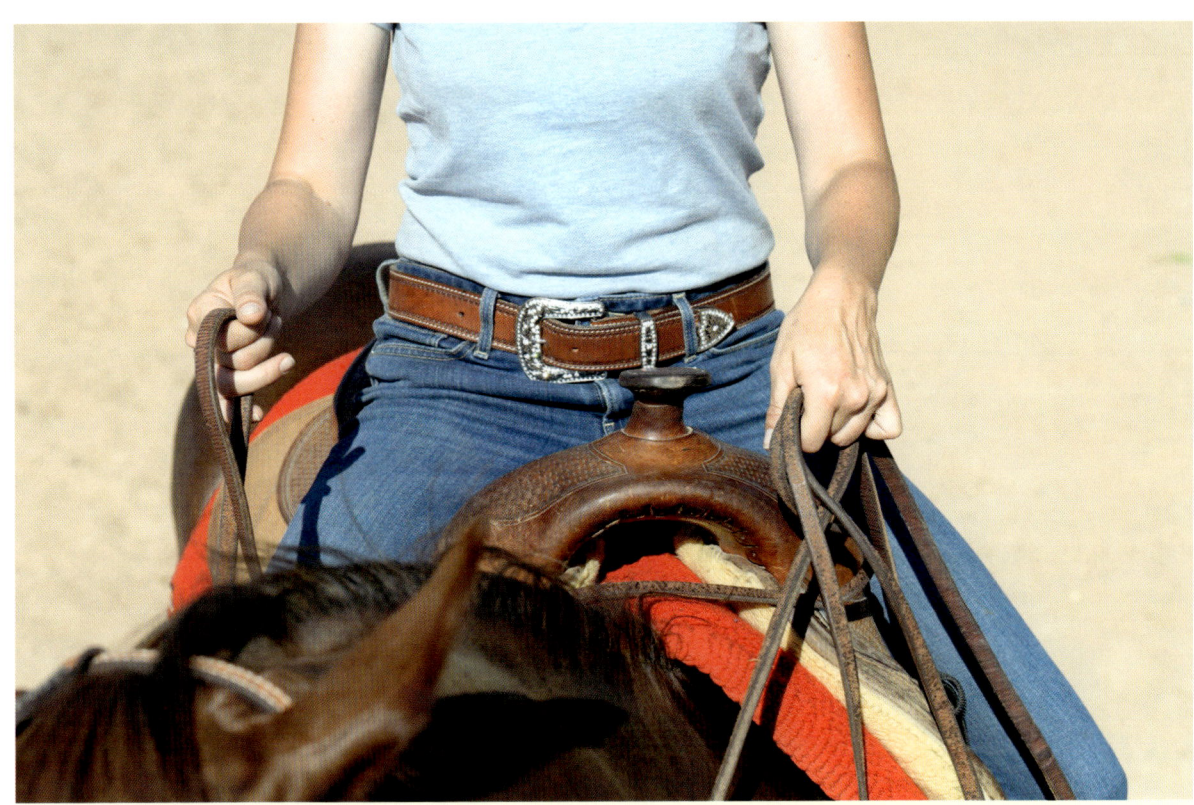

Zügelführung beim Abwenden.

Mein Pferd drückt auf dem Zirkel nach außen.

Wie schon beim Longieren gilt hier, dass man das Tier nicht mit aller Kraft auf der korrekten Linie halten sollte. Ich mache gute Erfahrungen mit dieser Lösung:

Drängelt das Pferd nach außen, wendest Du sofort ab Richtung Zirkelmitte. Reite weiter bis zur gegenüberliegenden Zirkellinie und biege auf die gleiche Hand ab, auf der Du gerade warst. Ich sage dazu scherzhaft auch gerne, dass man sich eine Torte vorstellen soll, die man mit dem Messer in zwei Hälften teilt. Das Pferd ist in diesem Moment das Messer. So reitet man sowohl Wendung als auch die Linie akkurater, weil man möchte, dass die Stücke formschön sind.

Ein kleiner Tipp noch zum Abwenden: Führe beide Hände Richtung Zirkelmitte, um dem Pferd den Weg zu weisen. Der äußere Zügel begrenzt das Pferd, damit es nicht weiter geradeaus läuft. Gegebenenfalls kannst Du den äußeren Zügel auch mal über den Widerrist führen. Das wird gerne verteufelt. Klar, beim normalen Reiten möchte ich das auch nicht sehen, aber bei einer Korrektur kann es durchaus hilfreich sein. Dazu kannst Du das äußere Bein anlegen. Wiederhole die Übung. So lernt das Pferd selbst die Spur auf der Zirkellinie zu halten.

Abwenden Richtung Zirkelmitte.

Schritt 1 vom Turnen: Wir drehen auf der Stelle.

Mein Pferd drängt auf dem Zirkel nach innen.

Die Lösung ist ähnlich wie beim Problem »Mein Pferd drückt auf dem Zirkel nach außen«, nur dass Du nach außen abwendest, wenn Dein Pferd nach innen drängelt. Wende also nach außen ab und reite eine Volte. Dann gehst Du wieder auf den Zirkel und reitest in der gleichen Richtung weiter.

Achte auch hier beim Abwenden darauf, dass das Pferd keinen Wendekreis wie ein LKW hat, sondern schön die Spur hält, indem Du die Pferdeschulter mit Hilfe der Zügel mitnimmst.

Mein Pferd hat zu wenig Power in der Hinterhand.

Egal ob Western- oder Dressurreiter, wir alle wünschen uns ein Pferd mit einer fleißigen Hinterhand. Um die Hinterbeine in Gang zu bekommen, gibt es viele ganz unterschiedliche Strategien. Ich komme mit diesen Lösungswegen oft gut klar:

Halte Dein Pferd im Schritt an. Richte es ein paar Schritte rückwärts und trabe dann aus dem Rückwärts zügig nach vorne raus. Beim Rückwärts muss das Pferd bereits die Hinterhand aktivieren.

Schritt 2: Und los geht's im Trab.

Diese Power nutzt Du dann, um flott nach vorne zu gehen. Wenn nötig, kannst Du das Pferd beim Antraben mit einem Gertenklaps ermuntern. Nach ein paar Schritten hältst Du an und wiederholst die Übung, bis das Pferd mehr Fleiß mit der Hinterhand zeigt. Mit dieser Übung kann man im Übrigen gut und gerne eine ganze Trainingseinheit verbringen. Ich kombiniere die Übung gerne mit Lektionen wie Schenkelweichen zwischendurch.

Eine weitere Möglichkeit ist, mit dem Pferd die lange Seite entlang zu traben, anzuhalten, ein paar Schritte rückwärts zu gehen, dann auf der Stelle zu turnen (Hinterhandwendung) und in die entgegengesetzte Richtung loszutraben. Diese Übung wiederholt man ein paar Male. Die Übung habe ich aus dem Cutting. Da übt man mit dem Pferd und einer mechanischen Kuh nichts anderes. Die Pferde kommen bei dieser Übung unglaublich gut auf die Hinterhand und werden leicht in der Schulter – ob mit oder ohne Kuh, ich liebe diese Übung!

Was ich auch liebe, sind Stangen- und Cavaletti-Arbeit. Dabei kommt nicht nur die Hinterhand automatisch in

Chex me beim Training mit Cavaletti.

Schwung, auch die Balance und das Körpergefühl des Pferds verbessern sich.

Wichtig ist bei allen Übungen: Die Beine des Reiters sind nicht dazu da, das Pferd nach vorne zu schieben oder die Hinterhand zu aktivieren.

Mein Pferd drängt auf der ganzen Bahn nach innen.

Dann wende das Pferd doch mal nach außen ab! Dieser Tipp mag banal klingen, aber er ist super effektiv. In den allermeisten Fällen wendet man das Pferd zur Kreismitte. Manche entwickeln dahingehend einen regelrechten Magnetismus. Auch hier gilt es, das gewohnte Muster einfach mal zu durchbrechen und das Pferd öfter nach außen zur Bande hin abzuwenden. Dabei brauchst Du keine Sorge zu haben, dass das Pferd gegen die Wand läuft. Zum einen sind Pferde geschickt und wendig, zum anderen hat es Richtung Bande oft mehr Platz zum Wenden als Du denkst.

Mein Pferd reagiert nicht auf meine Schenkelhilfen.

Hierbei müssen wir zunächst definieren: Meiner Meinung nach sind die Schenkelhilfen in erster Linie seitwärtsweisende Hilfen. Zum Tempo machen sind sie nicht da. Dafür benutze ich die Gerte. Dementsprechend erkläre ich Dir, was ich tun

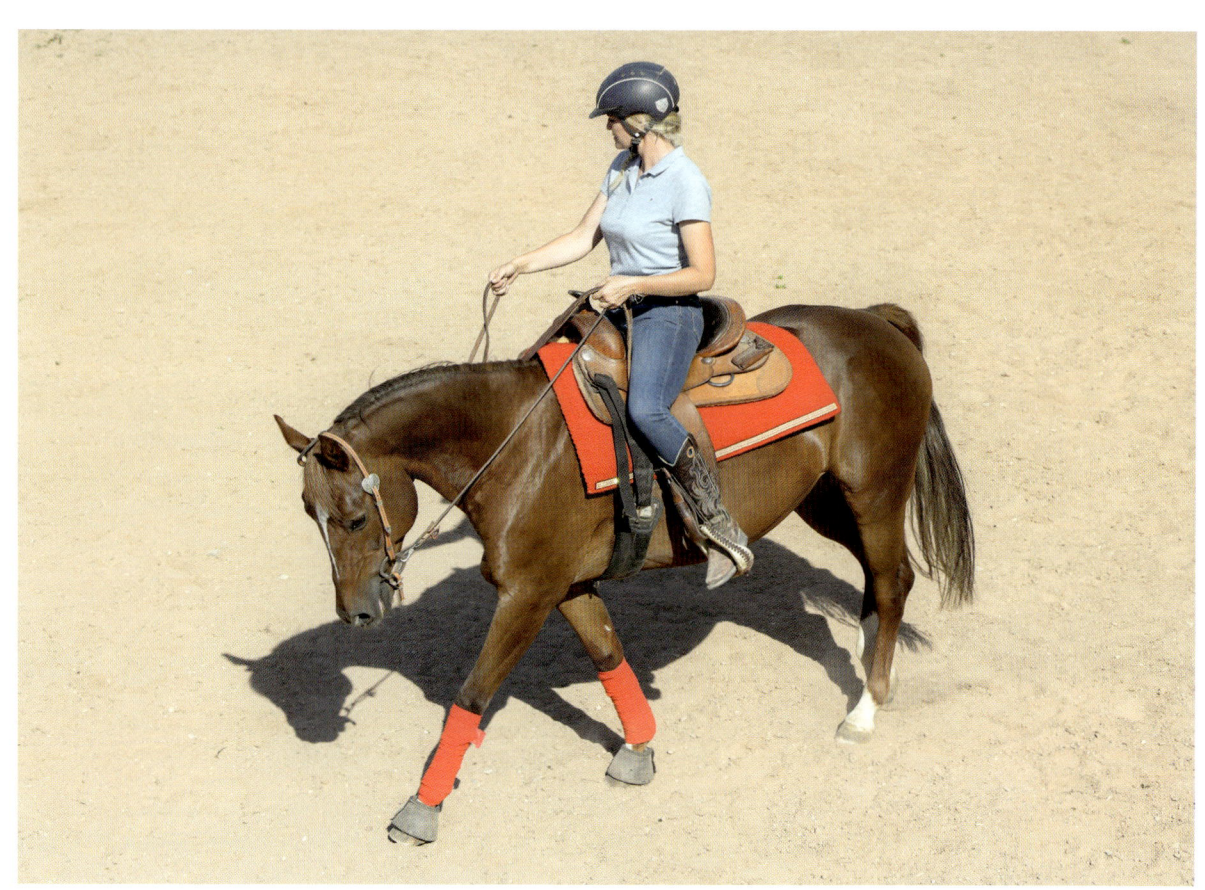

Reiten in Innen-Außen-Stellung.

würde, wenn das Pferd auf meine seitwärtsweisenden Schenkelhilfen nicht reagiert. Mit dieser Übung (Innen-Außen-Stellung) werden viele Pferde weicher:

Ich reite im Schritt auf einer geraden Linie und stelle das Pferd in eine Richtung, nehmen wir beispielsweise mal links. Dann biege ich nach rechts ab. Dazu führe ich den linken Zügel nach innen und leicht nach oben; der rechte Zügel weist dem Pferd den Weg nach rechts. Das linke Bein lege ich zusätzlich an und treibe. Ziel ist es, dass das Pferd nach rechts seitlich weicht. Reagiert das Pferd nicht auf leichtes Anlegen, kann man mit dem Schenkel auch mal klopfen.

In keinem Fall sollte man dauerhaft pressen. Versucht das Pferd dabei nach vorne wegzulaufen oder sich durchzudrücken, halte ich gegen. Sobald das Pferd ansatzweise richtig reagiert, gebe ich nach. Hat das Pferd das Prinzip verstanden, kann ich auch mehrere Schritte in die gewünschte Richtung verlangen. Je sorgfältiger und sauberer man diese Übung trainiert, desto feiner reagieren die Pferde auf meine Schenkelhilfen.

Klappt das, variiere ich auch gerne mit Konterschulterherein und Schenkelweichen. Das verbessert noch mehr die

Schulterherein.

Akzeptanz des seitwärtsweisenden Schenkels. Du kannst so vorgehen: Reite im Schritt ganze Bahn. Mitte der kurzen Seite biegst Du ab und reitest eine Diagonale in eine der beiden gegenüberliegenden Ecken. Durch das Abbiegen hast Du die Schulter schon automatisch vorne und kannst auf dieser Linie schön ein Konterschulterherein oder Schulterherein reiten.

Keine Sorge: Bei den ersten Versuchen muss das noch nicht perfekt aussehen. Manche Pferde werden dabei etwas zu schräg. In diesem Falls kannst Du vorwärts reiten, bis das Pferd sich wieder gerade auf der Linie befindet und dann neu ansetzen.

Ein Problem beim Reiten von Konterschulterherein, Schulterherein, aber auch von der Innen-Außen-Stellung ist, dass die Pferde gerne dabei langsamer werden. Wenn Du das bemerkst, solltest Du sofort die Übung unterbrechen und das Pferd vorwärts reiten. Befindet sich das Pferd wieder im gewünschten Tempo, setzt Du erneut mit der Übung an.

Mein Pferd lässt sich nicht auf feine Signale anhalten.

Wenn Dein Pferd mit dem Stoppen Mühe hat, dann solltest Du Dir am besten einen Anker anschaffen und diesen rechtzeitig

Zirkel verkleinern lässt viele Pferde langsamer werden.

vorher in den Sand werfen, um das Pferd anzuhalten. Ach Quatsch, das meine ich natürlich nicht ernst, aber manchmal muss ich mit einem kleinen Lacher die Stimmung etwas auflockern.

Dabei ist das Problem offen gesprochen gar nicht zum Lachen: Will das Pferd nicht anhalten, beispielsweise im Gelände, kann das richtig gefährlich werden. In solch einer brenzligen Situation hat man mehrere Möglichkeiten:

Konsequenz ist hierbei super wichtig. Bei vielen Pferden muss ich die Zügel nur ganz leicht annehmen, bis sie tatsächlich stehen bleiben. Dazu gebe ich jedem Pferd zunächst die Chance, auf meine feine Hilfe zu reagieren. Ignoriert es diese oder geht sogar dagegen, bleibe ich konsequent dran, bis das Pferd steht. Dann richte ich es zur Korrektur ein paar Schritte rückwärts und lasse es stehen, bis ich wieder entscheide, wann wir weitergehen. Hierbei muss man

konsequent und ruhig sein. Man darf sich nicht von einer eventuellen Hektik des Pferds anstecken lassen.

Oder ich probiere diesen Weg: Manche Pferde lassen sich gut und sicher stoppen, indem man sie auf einen Zirkel abwendet und den Kreis nach und nach verkleinert, bis sie sich beruhigt haben und irgendwann stehen bleiben. Warum auf einen Zirkel? Auf der Kreisbahn kann das Pferd so schnell laufen wie es will, es kommt nicht vom Fleck. So musst Du das Pferd nicht begrenzen, sondern es kann sich »auslaufen«. Diese Strategie setzt jedoch voraus, dass Du um Dich herum ausreichend Platz hast, um einen Zirkel zu reiten.

Andere Pferde reagieren super auf den sogrannten One-Rein-Stop, die Notbremse der Westernreiter: Nimm die Zügel in eine Hand. Die andere Hand fährt am Zügel Richtung Pferdemaul runter. Sobald der Arm ausgestreckt ist, schließt Du die Finger. Führe die Hand zu Deinem Oberschenkel, so dass sich der Pferdekopf zu Dir dreht. Stelle dann die Faust auf dem Oberschenkel ab und bewege sie nicht mehr. Stelle Dir vor, sie wäre an Deinen Körper geklebt. Mit der anderen Hand hältst Du Dich am besten vorne am Sattel fest. Sobald das Pferd steht, kannst Du zur gebogenen Seite absteigen.

Damit Du im Ernstfall über die Abfolge der Schritte nicht nachdenken musst, würde ich die Notbremse gut üben – am besten im Stand, Schritt, Trab und Galopp.

Der One-Rein-Stop.

Aber Bitte: Alle drei Lösungsansätze haben unter Umständen in manchen Fällen nichts mit feinem Reiten zu tun. Hier geht es um die Sicherheit von Pferd, Reiter und eventuell anderen beteiligten Personen und Tieren. Das Pferd muss anhalten, wenn es beispielsweise auf eine Straße rennt. Sorry, wenn ich das so offen sage, aber das oberste Ziel ist, dass niemand zu Schaden kommt.

Um solchen brenzligen Situationen vorzubeugen ist es am allerbesten, man übt das Anhalten und ruhiges Stehen gründlich, bis das Pferd die Übung verstanden hat und man sie auch im Alltag sicher abrufen kann. Wie das funktioniert, liest Du in Kapitel 4.

Mein Pferd geht schief rückwärts.

Nicht jedes Pferd geht wie im Lehrbuch auf einer geraden Linie zurück. Manche Kandidaten schieben nach den ersten Tritten mit dem Hintern nach links oder rechts. Oft sieht man dann, wie der Reiter den Pferdehintern mit dem Schenkel wieder korrigiert. Ich verfolge einen anderen Weg: Ich lasse den Pferdepo da, wo er ist, und korrigiere die Schulter, denn ich möchte, dass die Pferde vorne leicht werden. Beim Wenden der Hinterhand fallen mir die Pferde zu sehr auf die Vorhand. Das möchte ich vermeiden. Wichtig ist beim Rückwärts, dass das Pferd gerade bleibt.

RÜCKWÄRTS

Rückwärtsgehen ist meiner Meinung nach eine Schlüssellektion beim Reiten. Es ist eine Hammerübung, mit der Du gleichzeitig mehrere Dinge trainierst und verbesserst:
— Je besser das Pferd rückwärtsgehen kann, desto besser lässt es sich auch durchparieren und anhalten.
— Der Rücken wölbt sich auf.
— Die Hinterhand wird aktiviert.
— Fördert das Vertrauen zwischen Mensch und Tier, denn das Pferd geht dahin, wo es nichts sieht.
— Verbessert die Kondition und Koordination
— Fördert den Respekt zwischen Mensch und Pferd

Wichtig ist, wie das Pferd rückwärts geht, denn auch hier gibt es gut und schlecht. Reißt das Pferd dabei den Kopf hoch und drückt den Rücken weg, hat die Übung keinen gymnastizierenden Effekt. Meine Pferde sollen schön locker sowie mit gesenktem Kopf und Hals rückwärtsgehen.

Ich gehe beim Rückwärts so vor:

1. Ich verlagere das Gewicht im Sattel nach hinten.

2. Ich nehme die Hände langsam an bis das Pferd nach hinten wippt, sprich kurz vor dem ersten Rückwärtsschritt. Dann gebe ich schon nach, um dem Pferd zu signalisieren, dass es in die richtige

Ich verlagere mein Gewicht im Sattel nach hinten.

Richtung denkt. Beim nächsten Versuch gebe ich erst nach, wenn das Pferd auch einen Rückwärtsschritt macht und so weiter. Irgendwann wird dann eine flüssige Rückwärtsbewegung draus. Die Hand lasse ich in der Rückwärtsbewegung nur leicht anstehen, so dass mein Pferd merkt, dass die Übung noch nicht vorbei ist.

3. Bei Pferden, denen ich diese Lektion neu beibringe, lasse ich anfangs meine Beine ganz weg. Das verwirrt die Tiere sonst nur. Bei routinierteren Pferden nehme ich auch mal die Schenkel etwas ran, damit sie animiert werden, den Rücken aufzuwölben.

Ich nehme die Zügel langsam auf, bis das Pferd nach hinten wippt.

Kapitel 5 HILFE BEI TYPISCHEN HERAUSFORDERUNGEN MIT PFERDEN

Und jetzt habe ich noch ein paar Tipps für gelassene Pferde für Dich. Dazu muss ich sagen, dass das Gelassenheitstraining mein absolutes Steckenpferd ist. Mir ist das als Basis sehr wichtig, denn ich finde, es ist unsere Pflicht gegenüber allen anderen Menschen, dass man weiß, wie ein Pferd in kritischen Situationen reagiert, um sein Verhalten in Schreckmomenten besser einschätzen zu können, und dass wir das Pferd an potentielle Schreckmomente gewöhnen. Stell Dir nur vor, ich bin mit einem Pferd im Gelände unterwegs, es erschrickt und geht durch. Vielleicht rennt das Pferd dann vor ein Auto. Der Familienvater, der im Auto sitzt, weicht ihm aus, fährt gegen einen Baum ... und kommt nicht mehr nach Hause zu seiner Frau und zu seinen Kindern. Das könnte ich mir nie verzeihen.

Gelassenheitstraining ist darüber hinaus auch sehr wichtig, weil es Pferde mutig macht. Nur ein entspanntes Pferd wird ein stressfreies Leben führen können. Nicht zuletzt ist es auch die beste Sturzversicherung für den Reiter.

Auf den folgenden Seiten thematisiere ich exemplarisch mehrere Gelassenheits-Probleme. Wenn Du erfahren möchtest, wie man ein Gelassenheitstraining gründlich und systematisch aufbaut, empfehle ich Dir mein Buch »Gelassenheitstraining – Pferde-Typen richtig trainieren«. Darin findest Du viele Übungen, die Pferde zu richtig mutigen Alltagshelden heranwachsen lassen.

Ich reite zwischen Bande und Pylone durch, um das Pferd an die Ecke zu gewöhnen.

Mein Pferd scheut immer in einer Hallenecke.

Dieses Problem ist weit verbreitet. Manche Pferde haben richtig Mühe, sich einer Hallenecke zu nähern. Sie finden sie gruselig.

Mein Lösungsansatz ist abhängig vom Pferdetyp. Habe ich ein von Natur aus eher unerschrockenes, mutiges Tier oder ein Pferd, was tendenziell gerne aus vielen Dingen ein kleines Drama macht, würde ich es durch die Ecke energisch und bestimmt durchreiten.

Handelt es sich um ein Pferd, was vom Charakter her eher ängstlich ist, würde ich es langsam an die Ecke rankreiseln. So lernt es Runde um Runde, dass sich in der Ecke (oder dahinter) keine Monster verstecken.

Man kann auch ausprobieren, ob das Pferd seitwärts oder rückwärts durch die Ecke geht und die Ecke so angenehmer findet. Andere Pferde haben keine Angst mehr, wenn man Pylonen parallel zur Bande in der Ecke aufstellt und sich darauf konzentriert, zwischen Bande und Pylonen durchzureiten. Pferd und Reiter haben so eine Aufgabe und müssen sich beide konzentrieren. Das alleine lässt oft den sprichwörtlichen Knoten platzen.

Mein Pferd dreht durch, wenn ihm beim Ausreiten aus Versehen ein Ast zwischen die Beine gerät.

An solche Situationen kann man Pferde gut gewöhnen, indem man mit ihnen zunächst übt, über eine Plane zu laufen.

Der Trash-Garten.

Am besten macht man das zunächst vom Boden aus. Klappt das, gibt es als Steigerung den Trash-Garten. Dabei handelt es sich um eine ausgebreitete Plane, auf der ich Schwimmnudeln, PET-Flaschen und Hula-Hoop-Reifen auslege. Poolnudeln und Hula-Hoop-Reifen simulieren einen Ast, der zwischen die Pferdebeine gerät, oder einen Ast, der am Schweif hängen bleibt. Falls Du Dein Pferd darauf nicht desensibilisiert hast, wird es sich im Ernstfall erschrecken und durchgehen. Aus Erfahrung kann ich Dir sagen, dass, egal, ob Du diese Party feiern willst oder nicht, sie wird definitiv steigen. Deswegen ist der Trash-Garten für mich im Gelassenheitstraining unerlässlich.

Um das mit Deinem Pferd zu üben, breitest Du die Gegenstände auf der Plane aus. Lade die Plane zunächst nicht lückenlos voll. Auch den Hula-Hoop-Reifen würde ich erst später dazunehmen. Erst wenn das Pferd gelassen über die Plane läuft, kannst Du mehr Gegenstände draufpacken und zum Schluss auch die Hula-Hoop-Reifen. Klappt das am Boden, kannst Du auch durch den Trash-Garten reiten.

Mein Pferd bekommt Panik, wenn Rehe über den Weg springen.

Die Herausforderung fürs Pferd ist klar: Da kommt etwas aus dem Nichts angesprungen. Ein Kunde von mir geriet mal beim Ausreiten in ein Rudel Rehe. Das Pferd bekam Panik, stieg und kippte nach hinten über. Als das Pferd zu mir in Beritt kam, überlegte ich, wie man solch eine Situation trainieren kann. So entstand nachfolgende Trainingsidee.

Schnapp Dir einen Helfer und ein bis zwei Gymnastik-Bälle. Bitte den Helfer, sich hinter einem Zaun oder einer Bande mit den Bällen zu positionieren, so dass man ihn und die Bälle nicht sieht. Du führst Dein Pferd im Schritt entlang der Bande oder des Zauns. Lauf auf der gleichen Seite, von der auch die Bälle geworfen werden, damit Du nicht im Weg stehst, wenn das Pferd einen Satz weg vom Ball macht.

Zunächst soll der Helfer die Bälle einfach nur »aus dem Nichts« vor das Pferd werfen. Bleibt Dein Pferd dabei cool, kann der Helfer die Bälle auch auf Höhe des Pferds über die Absperrung werfen. Dabei muss der Helfer nur bitte darauf achten, das Pferd nicht am Kopf zu treffen. Klappt das, kann der Helfer die Bälle auch hinterm Pferd werfen.

Kapitel 6

WENN DER BESTE TIPP NICHT HILFT
WEGE AUS DER KRISE

Wenn Du ein Problem hast, versuche es zu lösen. Kannst Du es nicht lösen, dann mach kein Problem draus.

Buddha

In der Einleitung dieses Buches hatte ich darauf hingewiesen, dass ich Dir in diesem Ratgeber gerne so viele Tipps wie möglich gebe, dass der beste Ratschlag aber manchmal leider nichts bewirkt; schlimmstenfalls das Problem sogar verstärkt.

Warum das so ist, dafür gibt es mehrere Gründe:
1. Jedes Pferd ist anders. Welche Strategie bei dem einen Pferd supergut funktioniert, klappt beim anderen gar nicht. Ein Schema F gibt es einfach nicht im Training mit Pferden.
2. Die Rahmenbedingungen (Trainingszeitpunkt, Haltung, Fütterung, Equipment etc.) sind nicht optimal.
3. Auch das Wissen, Können und Geschick des Reiters sind von entscheidender Bedeutung für den Erfolg des Trainings.

Dieses Buch kann dementsprechend nicht die Unterstützung durch einen guten Trainer ersetzen, der Dir hilft, wenn Du mit Deinem Pferd nicht weiterkommst.

ALARMSIGNALE – WENN PFERD UND REITER PROFESSIONELLE HILFE BRAUCHEN

Meiner Meinung nach gehört ein Pferd sofort in Profi-Hände, wenn es für den Reiter, das Pferd selbst oder auch andere Personen gefährlich wird.

Ich würde auch Reitern vom Rumdoktern abraten, wenn sie das Pferd beispielsweise zehn Mal longiert haben und zehn Mal hat das Tier sich dabei losgerissen. Dann hat das Pferd einfach eine gewisse Taktik entwickelt, die man lieber mal von einem Profi begutachten lassen sollte.

Zu mir auf die Double Divide Ranch kommen viele Reiter in einem recht frühen Stadium des Problems. Sie haben das Problem ihres Pferds erkannt, wollen aber nicht einfach irgendetwas ausprobieren, um das Problem zu lösen, sondern suchen sofort Rat beim Profi. Das finde ich persönlich sehr gut, weil das Problem noch relativ »frisch« ist. Das heißt, das unerwünschte Verhalten hat sich noch nicht groß eingeschlichen und auch der Reiter hat noch nicht wild daran rumgedoktert.

Viele dieser Probleme bekommt man mit einem geeigneten, konsequenten und individuellen Training verhältnismäßig schnell und nachhaltig in den Griff. Zudem kann ich den Reiter gut bei der Lösung des Problems miteinbeziehen. So lernt er von der Pike auf, Herausforderungen gut einzuschätzen und damit umzugehen. Ganz nebenbei lernt er so auch viele wichtige Dinge rund um den Umgang mit Pferden, die sich langfristig positiv auf die Beziehung zwischen Pferd und Mensch auswirken.

Andere Reiter wenden sich erst in einem fortgeschrittenen Stadium des Problems an mich. Diese Reiter haben zwar auch das Problem ihres Pferds erkannt, probieren es aber zunächst selbst zu beheben. Ich kann diesen Gedankengang gut nachvollziehen. Man testet erst Mal, wie weit man mit seinem Können und/oder angelesenem Wissen – nicht zuletzt auch aus diesem Buch – kommt und ob man die Herausforderung selbst meistern kann. In vielen Fällen klappt das auch recht gut und daher finde ich es in Ordnung, wenn der Reiter einen ersten eigenen Versuch startet.

Und dann gibt es noch die Reiter, die mich anrufen, wenn das sprichwörtliche Kind bereits in den Brunnen gefallen ist. Sie haben entweder das Problem ihres Pferds lange Zeit ignoriert, schlichtweg überhaupt nicht bemerkt oder sie haben mit den unterschiedlichsten Methoden und möglicherweise auch unter Anleitung Trainern versucht, das Problem selbst in den Griff zu bekommen, sind daran aber gescheitert. Im letzteren Fall haben Pferd und Mensch oft schon einen längeren Leidensweg hinter sich, bevor ich sie kennenlerne. Das tut mir für beide Seiten immer sehr leid.

Das Problem am Problem ist jedoch: Je ritualisierter das unerwünschte Verhalten ist und je mehr negative Erfahrungen Pferd und Mensch damit gemacht haben, desto schwieriger wird es für mich, das Problem in den Griff zu bekommen. Hier braucht es meist sehr viel Zeit und Geduld.

An dieser Stelle möchte ich Dich daher ermutigen, Dich so früh wie möglich an einen professionellen, seriösen Trainer zu wenden, wenn Du merken solltest, dass Du mit Deinem Wissen und den Tipps aus diesem Buch nicht weiterkommst.

Ein guter Trainer kann Dich und Dein Pferd in Eurem gewohnten Umfeld unterstützen, indem er regelmäßig zum Unterricht an Deinen Stall kommt. Wesentlich effektiver kann es aber in vielen Fällen sein, wenn man seinen geliebten Vierbeiner einfach mal für eine gewisse Zeit zu einem Profi bringt. Der große Vorteil: Hat der Trainer das Pferd 24 Stunden und sieben Tage die Woche um sich, lernt er es wesentlich besser kennen und kann das Tier sowie das Problem besser analysieren und letztendlich auch im Training auf das Pferd dementsprechend eingehen.

Ein Beispiel: Pferd und Reiter sind beim Ausreiten gestürzt. Der Mensch hat jetzt verständlicherweise große Angst. Das Erlebnis hat sich in seinem Kopf eingebrannt. Er steigt nur noch mit ganz weichen Knien in den Sattel. Auch das Pferd hat gewisse Sorgen beim Reiten – besonders im Gelände. Ein Training im heimischen Stall ein Mal die Woche macht hierbei meines Erachtens nach wenig Sinn. Besser wäre es, wenn zunächst eine neutrale Person, wie ein erfahrener Trainer, mit dem Pferd alleine intensiv arbeitet und dem Tier wieder Sicherheit sowie Vertrauen grundsätzlich beim Reiten und insbesondere im Gelände gibt. Parallel dazu wird auch der Reiter betreut. Er muss sich wieder im Sattel wohlfühlen. Ist die Angst direkt mit dem eigenen Pferd verknüpft, setze ich solche Reiter zunächst auf eines meiner ganz braven Pferde. Warum nicht aufs eigene Pferd? Weil die Tiere ganz genau unsere Gefühle spüren. Wir können uns vor ihnen nicht verstecken. Sie schauen direkt in unser Herz. Indem ich solche Reiter zunächst auf ein anderes Pferd setze, unterbreche ich den Kreislauf. Der Reiter kann in Ruhe lernen; sein Pferd ebenfalls. Schritt für Schritt kann man den Reiter und sein eigenes Pferd dann wieder zusammenführen – im letzten Schritt auch im Gelände.

Selbstverständlich darfst Du Dich gerne an mich wenden, wenn Du mit Deinem Pferd nicht weiterkommst, und Dein Pony zu mir bringen. Geht das nicht, beispielsweise weil ich für Dich zu weit weg wohne, möchte ich Dir aber zumindest eine Checkliste an die Hand geben, mit der Du einen passenden Trainer für Dich und Dein Pferd findest. Denn nicht jeder Profi passt zu einem. Es kommt immer auf viele Faktoren an. Hier ein paar Denkanstöße, die Dir auf der Suche nach dem passenden Trainer helfen sollen:

1. Welcher Trainer kommt grundsätzlich in Frage?

Ich empfehle Dir, zunächst eine grobe Auswahl zu treffen. Welche Deiner Meinung nach gute Trainer kennst Du? Welche werden Dir von Freunden, Stallkollegen etc. empfohlen? Und: Kommt der Trainer grundsätzlich für das Problem in Frage? Ein Beispiel: So sympathisch die Dressurausbilderin auch ist, wenn aber Dein Pferd beim Springen über ein Hindernis streikt, ist sie möglicherweise nicht die geeignete Ansprechpartnerin für dieses Problem.

Höre schon bei dieser ersten Auswahl auf Dein Bauchgefühl. Würdest Du Dich freuen, mit dem Profi zu trainieren, alleine wenn Du an diese Person denkst, seine Homepage anschaust oder seine facebook-Seite durchstöberst? Welche Referenzen und welchen Ruf hat der Ausbilder? Auch ein wichtiges Kriterium für die erste Auswahl: Wo wohnt der Trainer? Ich persönlich finde es gut – für Besitzer, Pferd und auch mich als Trainer – wenn der Besitzer im Verlauf des Beritts mehrmals vorbeikommt und parallel von mir geschult wird.

2. Wie läuft die erste Kontaktaufnahme?

Hast Du einen oder mehrere Trainer in der näheren Auswahl, würde ich zunächst Kontakt zum Experten per Telefon oder Mail aufnehmen. Berichte dem Profi über Dich und Dein Pferd. Höre auch hier auf Dein Bauchgefühl. Ist der Trainer immer noch sympathisch? Nimmt er sich Zeit für Dich?

FINGER **WEG!**

Ob beim ersten Gespräch am Telefon oder beim späteren persönlichen Kennenlernen: Gibt Dir der Trainer an, in wie vielen Wochen er das Problem gelöst bekommt, ohne Dich und Dein Pferd richtig zu kennen, würde ich sofort ablehnen. Das ist unseriös! Wie will er das einschätzen?

3. Welchen Eindruck hast Du vom Trainer und seinem Stall?

Ich rate Dir, Deinem Wunsch-Trainer zusätzlich vorher einen Besuch ohne Pferd abzustatten, damit man sich besser kennenlernt und Du den Stall siehst, wo Dein Pferd eventuell einziehen wird.

Hierzu solltest Du bitte vorher einen Termin vereinbaren und nicht einfach so auf den Hof fahren. Der Grund: Der Trainer ist möglicherweise gerade an dem Tag unterwegs. Außerdem ist so garantiert, dass sich der Profi auch Zeit für Dich nehmen kann.

KLOPFE BEIM BESUCH DIESE PUNKTE AB
(ZUTREFFENDES BITTE ANKREUZEN):

	Ja	Nein
Nimmt der Trainer sich ausreichend Zeit für ein Gespräch mit Dir?		
Zeigt er Dir gerne seine Anlage?		
Ist der Trainer Dir nach wie vor sympathisch?		
Darfst Du beim Training anderer Pferde zuschauen?		
Bindet der Ausbilder auch Pferdebesitzer mit ins Training ein?		
Bietet der Trainer Berittpferden eine artgerechte Haltung?		
Wirken die Pferde auf der Anlage cool, ausgeglichen und zufrieden?		
Geht der Trainer fair und respektvoll mit den Pferden um?		
Macht Dir der Trainer für Dein Pferd einen individuellen Vorschlag? Definiert er ein konkretes Ziel?		
Schwierig nach einem Besuch zu beurteilen, aber dennoch wichtig: Bildet der Trainer die Pferde nach ihren körperlichen und psychischen Voraussetzungen aus?		
Verstehst Du die Erklärungen des Trainers?		
Hast Du ein gutes Bauchgefühl nach dem Besuch?		

Wenn Du überwiegend »Ja« angekreuzt hast, scheinen Trainer sowie Stall in Ordnung zu sein. Bewerte selbst, wie wichtig Dir die Punkte sind, die Du mit »Nein« angekreuzt hast und schau Dich gegebenenfalls weiter um.

Um Dir noch ein besseres Bild vom Trainer zu machen, kannst Du Dich beispielsweise auch als Zuschauer bei einem Kurs anmelden. So hast Du die Möglichkeit, genau zu beobachten, wie der Trainer mit Pferden umgeht und auf welche Dinge er bei der Ausbildung Wert legt.

EINE NACHT DRÜBER SCHLAFEN

Lass Dich in keinem Fall von einem Trainer überrumpeln und zu etwas überreden, bei dem Du Dir nicht sicher bist, wie beispielsweise das Pferd so schnell wie möglich vorbeizubringen. Schlaf lieber eine Nacht drüber. Es ist Deine Entscheidung, was mit Deinem Pferd passiert und was nicht – auch im späteren Training. Höre immer auf Dein Herz und überstürze nichts.

Wenn trotz Profi-Trainer so gar nichts klappen will ...

Leider ist das Training bei einem Profi keine Garantie, dass das unerwünschte Verhalten Deines Pferds nie wieder auftreten wird – geschweige denn, dass das Pferd sein komplettes Leben auch frei von jeglichen anderen Problemen sein wird. Alles andere wäre gelogen.

In manchen Fällen scheint jedoch gar nichts klappen zu wollen. Das Pferd muckt zwar nicht mehr beim Profi; beim Besitzer funktioniert es aber trotz Anleitung und sämtlichen anderen Bemühungen nicht. An diesem Punkt müssen wir uns über ein wichtiges Thema unterhalten, das jedoch ungern angesprochen wird: Passen Pferd und Reiter überhaupt zusammen?

Uh, das ist eine echt fiese Frage. Wenn Du aber Dein Pferd wirklich gerne hast und Du Dir selbst auch wichtig bist, solltest Du Dich in solch einer Situation mit diesem Thema auseinandersetzen und auch überlegen, ob Du Dein Pferd gegebenenfalls abgeben würdest. Passen Mensch und Pferd von Natur aus einfach nicht zusammen, ist eine Trennung langfristig möglicherweise das Beste für beide Seiten. Ansonsten riskiert man nur noch mehr Stress und Frust.

Ich weiß, dass es keine leichte Entscheidung ist, ob man sich von seinem geliebten Pferd trennen soll oder nicht. Wer gesteht sich schon gerne ein, dass man mit seinem Pferd nicht zusammenpasst? Und auch alleine der Gedanke, dass jemand anderes mit dem betreffenden Pferd vielleicht viel besser klarkommt und glücklich wird, kann ganz schön verletzend sein. Diese Gefühle kann ich 100-prozentig nachvollziehen, jedoch ist manchmal so ein harter Cut wirklich das Beste für Mensch und Pferd.

Stell Dir mal vor, wie es dem früheren Besitzer meiner Stute Bailey ging, als er sie mir überlassen hat. Bailey sollte eigentlich zum Schlachter, weil sie als unreitbar und gefährlich galt. Der frühere Besitzer wusste keinen anderen Ausweg und wollte das unberechenbare Pony niemandem zumuten. Wenn da etwas passiert wäre, das hätte er sich nicht verzeihen können. Auch Bailey ging es in dieser Situation nicht gut.

Und jetzt schau mal, wie sich die Situation geändert hat, seitdem Bailey bei mir lebt. Bailey geht es gut, mir geht es supergut mit ihr und auch der frühere Besitzer ist stolz auf Bailey. Aus Verzweiflung ist pure Freude bei allen Beteiligten geworden!

Alles leichter gesagt als getan. Ich weiß. Ich kann Dir nur sagen: Reiter, die sich zu der Entscheidung durchringen, ihr Pferd abzugeben, haben meinen allergrößten Respekt. Der Schritt ist hart und ich beneide keinen darum, aber ich kenne einfach mittlerweile sehr viele Leute, die diesen Schritt gewagt haben und wo es Pferd und Reiter jetzt einfach sehr viel besser geht.

WIE GUT PASSEN **PFERD UND MENSCH** ZUSAMMEN?

Wie gut Dein Pferd und Du zusammenpasst, hängt vor allem von den jeweiligen Charaktereigenschaften ab, die aufeinanderprallen. Ein zweibeiniger Temperamentsbolzen, der am liebsten flott durchs Gelände fegt, passt vielleicht nicht ganz so gut zu einer bierruhigen Pferdeseele, die vorzugsweise gemütliche Runden dreht.

Bis Du ein gefühlvoller Mensch? Dann wirst Du mit einem ähnlich tickenden Pferd vermutlich am glücklichsten sein. Sportpsychologische Studien belegen, dass die Emotionalität eines Menschen mit der Empfindsamkeit eines Pferds zu vergleichen ist. Das bedeutet, dass sich sensible Reiter sehr gut in das Wesen eines ebensolchen Pferdes hineinversetzen können. Auf meinen Kursen erlebe ich immer wieder, wie zwei zarte Seelchen gemeinsam die tollsten Trainingsziele erreichen, weil sie genau einschätzen können, was der jeweils andere empfindet. Das schafft eine geniale Vertrauensbasis und Selbstsicherheit.

Weniger sensible Reitertypen passen meiner Erfahrung nach eher zu weniger reaktiven Pferden. Zu groß ist die Gefahr, dass man eine Angstreaktion übersieht, weil man sie nicht nachvollziehen kann oder schlicht nicht daran denkt. Das ist so ähnlich, wie wenn der Chef auf unproduktiven Mitarbeitern herumhackt. Selten sind solche Mitarbeiter bewusst faul oder dumm. Manche kommen vielleicht weniger gut mit Veränderungen oder Druck klar und benötigen eine einfühlsamere Führung sowie klar definierte Aufgaben. Sind diese Rahmenbedingungen gegeben, leisten auch die vermeintlich faulen Mitarbeiter plötzlich Großes. Genau das gilt auch fürs Pferd.

Überlege außerdem, was Deine reiterlichen Ziele sind. Was würdest Du gerne mit Deinem Pferd machen? Möchtest Du auf Turnieren siegen,

brauchst Du einen Partner, der mit Dir an einem Strang zieht. Besitzt Dein Pferd weder das Bewegungspotenzial, die körperlichen Voraussetzungen noch die Leistungsbereitschaft für Deine Lieblings-Disziplin, dann wirst Du sicher nicht auf dem Siegertreppchen landen. Wir alle kennen solche Paare, die sich in der Saison von Turnier zu Turnier quälen und ständig mit Frust und Tränen kämpfen. Warum tun sich Reiter das an?

Ich persönlich besitze einen riesengroßen Drang, ständig Neues auszuprobieren. Ich bin immer auf der Suche nach innovativen Trainingswegen und Herausforderungen. Ich möchte richtig fitte, nervenstarke Allround-Pferde haben, die für jede »Schandtat« zu haben sind und daran genau so viel Spaß haben wie ich. Mit solchen Pferden wie meiner Bailey oder auch dem Röschen kann ich wunderbar neue Dinge ausprobieren, kann meine Stunts machen, kann durchs Wasser galoppieren, kann auf Veranstaltungen gehen, Wanderritte machen und so weiter.

Ein Sensibelchen würde nicht so gut zu mir passen, weil diese Pferde oft schnell mit zu vielen neuen Reizen überfordert sind. Das ist grundsätzlich nicht schlimm. Ich müsste als Reiter nur darauf eingehen und da sage ich ganz ehrlich: Das sind einfach nicht die Pferde, die perfekt zu mir passen. Als Berittpferd ist das etwas ganz anderes. Aber »privat« mag ich eher die aufgeweckten, neugierigen und ein wenig dominanten Pferde.

Ich persönlich liebe Pferde, die sehr fein und lebhaft sind. So wie meine Bell. Wir probieren immer gerne Neues aus wie beispielsweise Dressur im Gelände.

Kapitel 7

DIE AUTORIN
UND DAS TEAM
DIESES BUCHES

Die Autorin
Yvonne Gutsche

Yvonne Gutsche kommt aus der Westernreiterei, genauer gesagt ist sie spezialisiert auf die Disziplin Reining. Sie lernte bei namhaften Trainern in den USA, Kanada und Deutschland, wie beispielsweise bei den kanadischen Westerntrainern François Gauthier sowie beim Urgestein der deutschen Reining-Szene, dem Deutsch-Kanadier Bernie Hoeltzel. Heute tauscht sie sich eng mit anderen Ausbildern aus wie beispielsweise Grischa Ludwig und Ute Holm, zwei der besten Westernreiter Europas. Darüber hinaus ist Yvonne seit einem Besuch bei Klassik-Ausbilder Eddy Willems in Belgien ein totaler Fan der klassischen Dressur.

Im Training gibt es bei Yvonne kein Schema F oder den einen richtigen Weg. Viele Wege führen bekanntlich nach Rom. Deshalb kann und möchte sich Yvonne auch nicht im Training auf eine Reitweise beschränken. Was für das eine Pferd der Königsweg ist, kann für ein anderes kontraproduktiv sein. Im Training ist für sie viel wichtiger, dass die Pferde passend zu ihrem Charakter und ihrem Exterieur ausgebildet werden. Der faire und feine Umgang mit den Tieren ist Yvonne dabei sehr wichtig.

Yvonnes oberstes Ziel ist es, das Pferd als einen echten Partner unterm Sattel zu gewinnen – ein Pferd, das dem Reiter vertraut, gerne mitarbeitet und auf das man sich verlassen kann. Dann ist alles möglich, egal ob man auf Turniere gehen oder mit seinem Pferd einen schönen Wanderritt machen will.

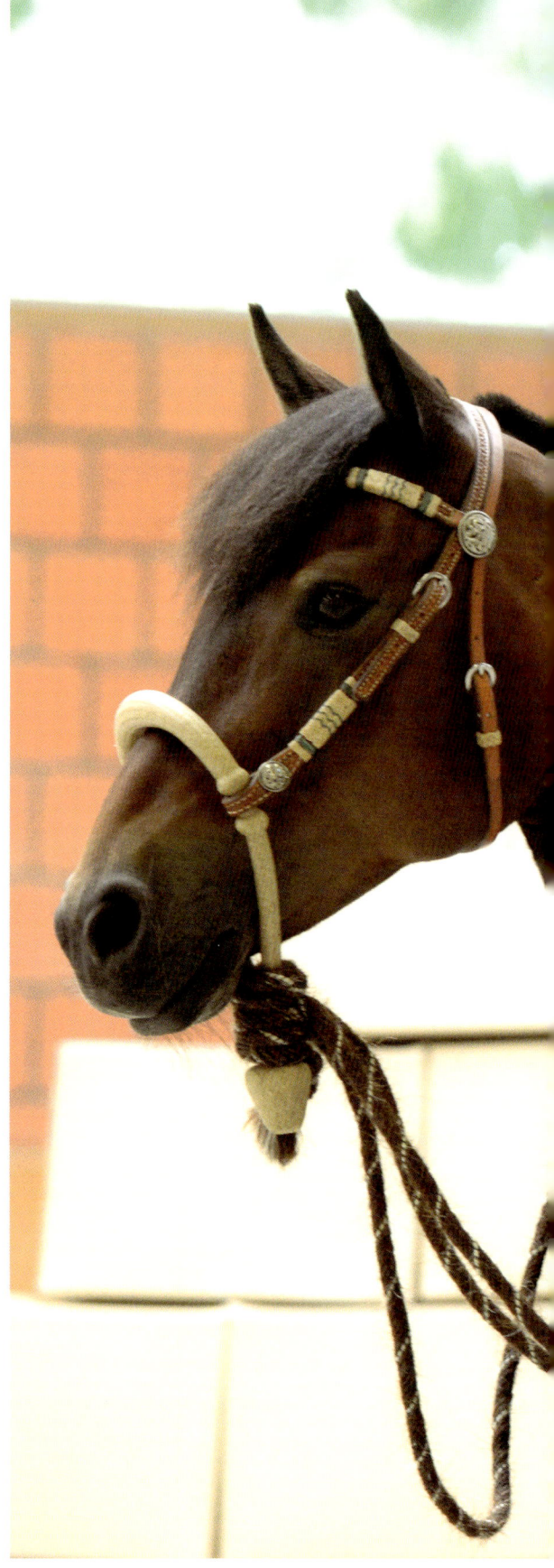

Kapitel 7 — DIE AUTORIN UND DAS TEAM DIESES BUCHES

Wie weit das Vertrauen zwischen Tier und Mensch gehen kann, demonstriert Yvonne eindrucksvoll in Gala-Shows wie bei der Pferd & Jagd in Hannover, der EuroCheval in Offenburg oder Pferd International in München und auf anderen Veranstaltungen wie der CAVALLO Academy in Mönchengladbach. Ob der Sprung auf einen fahrenden Anhänger oder der Ritt über eine riesige Wippe, Yvonnes Stute Bailey bleibt selbst vor tausenden Zuschauern immer cool.

Darüber hinaus hat Yvonne eine weitere Leidenschaft: Wildpferde. Sie hatte schon mehrfach das Vergnügen, mit Wildlingen zu arbeiten und Erfahrungen mit diesen nicht domestizierten Pferden sammeln zu dürfen. Bekanntschaft machte Yvonne bereits mit Pferden aus dem Kurgestüt Hoher Odenwald, wilden Koniks der Thüringeti, Dülmener Wildpferden und mit Mustangs aus den USA im Rahmen der Mustang Makeover Trainer Challenge.

Auf der Double Divide Ranch in Bad Wimpfen bei Heilbronn bildet Yvonne Pferde und Menschen aus. Darüber hinaus gibt sie europaweit Kurse.

Kontakt:

Yvonne Gutsche
www.doubledivideranch.de
DoubleDivideRanch@gmx.de

ZWEI HERZENSPROJEKTE VON YVONNE GUTSCHE

1. PROJEKT: AMOUR – EIN PFERD KÄMPFT SICH ZURÜCK INS LEBEN

Im Dezember 2016 rettete Yvonne Gutsche sechs völlig verwahrloste Pferde aus einer dunklen, verdreckten Scheune. Einem der Pferde ging es besonders schlecht: Amour, ein Wallach, der bis auf die Knochen abgemagert und am ganzen Körper mit Wunden übersät war. Amour schwebte in Lebensgefahr. Yvonne brachte den Wallach kurzerhand in eine Pferdeklinik; die anderen Pferde kaufte sie frei und suchte neue Besitzer.

Gerade mal 300 Kilo brachte Amour auf die Klinik-Waage, 500 Kilo wären für ein Pferd dieser Größe normal. Der Kampf ums Überleben begann. Die Bilder aus dieser Zeit sind schockierend: Amour war so kraftlos, dass er nicht von alleine aufstehen konnte. Ein Hebekran musste dem Wallach auf die Beine helfen, wenn er sich festgelegt hatte. Aufgrund der drohenden hohen Klinik-Kosten wollte Amours damaliger Besitzer den Wallach einschläfern, doch nicht mit Yvonne. Sie überzeugte den Besitzer, ihr Amour zu übereignen. Nach vier Wochen Klinik-Aufenthalt dann ein erster Erfolg: Amour schaffte es, aus eigener Kraft aufzustehen.

Mittlerweile ist Amour kaum wiederzuerkennen. Der Wallach hat deutlich zugenommen, tobt mit Vollgas über die Weide und seine Augen strahlen

Kapitel 7 — DIE AUTORIN UND DAS TEAM DIESES BUCHES

wieder Lebensfreude aus. Auf der facebook-Seite »Pray for Amour« berichtet Yvonne regelmäßig über die Fortschritte und die Ausbildung von Amour.

Für dieses Engagement wurde Yvonne mit dem PM-Award 2017 der Deutschen Reiterlichen Vereinigung in der Kategorie »Retter in der Not« ausgezeichnet.

2. PROJEKT: DIE DREI – 3 PFERDE I 100 TAGE I 1.000 HERAUSFORDERUNGEN

Yvonne hat sich für das Jahr 2018 ein besonderes Projekt vorgenommen: Sie reitet drei Jungpferde in 100 Tagen gleichzeitig an. Mit dabei: ein Sportpferd aus der Thüringeti, ein Vollblut-Araber vom Gestüt Ismer und ein Mustang aus den USA. Unterschiedlicher geht es kaum!

»Mein Ziel ist es, aus jedem Pferd einen echten, verlässlichen Partner am Boden und im Sattel zu machen. Um das zu erreichen, brauche ich für jedes Pferd einen individuellen Trainingsweg, der sich am Körperbau, dem Charakter und den jeweiligen Talenten orientiert. Bei mir gibt es dafür kein Schema F. Wie das in der Praxis funktioniert, kann ich mit den drei völlig unterschiedlichen, »ungeschliffenen« Diamanten im direkten Vergleich sehr gut zeigen«, berichtet Yvonne.

DIE DREI – DER FILM

Dieses einmalige Projekt wird von einem professionellen Film-Team begleitet, das einen Dokumentarfilm dreht. Der Zuschauer wird darin mit auf die Reise zu faszinierenden Drehorten wie die Thüringeti genommen und schaut Yvonne beim Training der drei Pferde über die Schulter. »Das Filmteam wird natürlich auch bei wichtigen Meilensteinen wie beim ersten Satteln oder Aufsteigen dabei sein«, sagt Yvonne. »Den fertigen Film wird es dann im Herbst 2018 zu sehen geben.«

Alle Infos zu DIE DREI:
www.diedrei.eu

DIE DREI

Die Co-Autorin Christiane Wehnert

Christiane unterstützt Yvonne beim Schreiben dieses Buches. Die studierte Pferdewissenschaftlerin war einige Jahre fest angestellte Redakteurin beim Pferdemagazin CAVALLO. Heute leitet sie ihr eigenes Büro für Kommunikation und Medien. Dabei arbeitet sie weiterhin als freie Autorin für CAVALLO, organisiert die CAVALLO Academy auf Schloss Wickrath, moderiert auf Messen wie der Pferd & Jagd in Hannover und unterstützt mehrere Pferdetrainer bei der Öffentlichkeitsarbeit und Event-Organisation.

Kontakt:

Christiane Wehnert
christiane.wehnert@gmail.com

Die Fotografin
Lisa Rädlein

Lisa arbeitet als fest angestellte Fotografin für das Pferdemagazin CAVALLO. Ob Kenzie Dysli, Uta Gräf oder Ingrid Klimke, es gibt fast keinen berühmten Pferdeprofi, den Lisa noch nicht vor der Kamera hatte. Nebenbei fotografiert sie auch für andere Trainer, Züchter und Reiter und setzt Pferde gekonnt in Szene.

Kontakt:

Lisa Rädlein
www.lisa-rädlein.de

MAKING-OF

QUELLENNACHWEIS

Margit H. Zeitler-Feicht,
Handbuch Pferdeverhalten,
Eugen Ulmer KG, 3. Auflage (2015)

CAVALLO 1-2016,
Aus Liebe »Nein«,
Yvonne Gutsche

Unsere Erfolgsreihen
auf einen Blick ...

DIE REITSCHULE (AUSWAHL)
Urte Biallas, **Bodenarbeitskurs**, ISBN 978-3-275-02053-9
Kerstin Diacont, **Dressur für Fortgeschrittene**, ISBN 978-3-275-01749-2
Marlit Hoffmann, **Reiterrallyes – Reiterspiele**, ISBN 978-3-275-01850-5
Petra Dürr/Carola Steen, **Kaltblutpferde reiten**, ISBN 978-3-275-01939-7
Hannelore Leiser, **Voltigieren für Einsteiger**, ISBN 978-3-275-02144-4
Angelika Schmelzer, **Pferde erziehen**, ISBN 978-3-275-01709-6
Angelika Schmelzer, **Reiten im Gelände**, ISBN 978-3-275-01748-5
Sabine Schweickert, **Fahren für Einsteiger**, ISBN 978-3-275-02079-9
Viviane Theby, **So lernen Pferde**, ISBN 978-3-275-02081-2
Jutta Plötz, **Islandpferde**, ISBN 978-3-275-02052-2
Karen Uecker, **Der Reitbegleithund**, ISBN 978-3-275-01969-4
Sigrid Weppelmann, **Basispass Pferdekunde**, ISBN 978-3-275-01750-8

DIE HUNDESCHULE (AUSWAHL)
Alexandra Hoffmann, **Futter gibt's nur von mir**, ISBN 978-3-275-02074-4
Micaela Köppel, **Spiel und Spaß für jeden Tag**, ISBN 978-3-275-01732-4
Petra Krivy/Angelika Lanzerath, **Darf der das?**, ISBN 978-3-275-01835-2
Petra Krivy/Angelika Lanzerath, **Hunde verstehen**, ISBN 978-3-275-02116-1
Petra Krivy/Angelika Lanzerath, **Was ein Welpe lernen muss**, ISBN 978-3-275-01689-1
Petra Krivy/Angelika Lanzerath, **Einfach gut erzogen**, ISBN 978-3-275-02082-9
Uta Reichenbach/Gabriele Lehari, **Sinnvolle Beschäftigung**, ISBN 978-3-275-01929-8
Monika Schaal/Ursula Breuer, **Gastfreundlich**, ISBN 978-3-275-01862-8
Manuela van Schewick, **Apportieren mit Spaß**, ISBN 978-3-275-01754-6
Manuela van Schewick, **Kind trifft Hund**, ISBN 978-3-275-01979-3
Karen Uecker, **Hunde spielend motivieren**, ISBN 978-3-275-01998-4

HAPPY CATS (AUSWAHL)
Sylvia Born, **Katzenkinderstube**, ISBN 978-3-275-01864-2
Nina Ernst, **Zufriedene Stubentiger**, ISBN 978-3-275-01760-7
Gabriele Müller, **Miau – Katzensprache richtig deuten**, ISBN 978-3-275-01782-9
Gabriele Müller, **Katzenspiele**, ISBN 978-3-275-01811-6
Annette Thomée, **Gesunde Katze**, ISBN 978-3-275-01839-0

Jedes Buch mit 96 Seiten
ca. 80 Abb., broschiert
je € 11,95 | €(A) 12,40

Weitere interessante Bücher zum Thema

Wer wünscht sich nicht eine harmonische Partnerschaft mit seinem Pferd? Aktuellste wissenschaftliche Erkenntnisse zum Pferdeverhalten als auch praktische Erfahrungen zeigen hier, wie man das tägliche Training und das eigene Verhalten gestalten kann.

176 Seiten, 216 Bilder, 19 Strichzeichnungen
Format 170 x 240 mm
ISBN 978-3-275-02098-0
€ 24,90 / € (A) 25,60

Ein gelassenes Pferd ist das Ziel jeder Pferdeausbildung und die beste Sturzvorsorge für den Reiter. Yvonne Gutsche zeigt verschiedene Trainingsansätze mit Schirmen, Bällen, Flattertüten & Co.

144 Seiten, 165 Bilder, 6 Strichzeichnungen
Format 170 x 240 mm
ISBN 978-3-275-02067-6
€ 19,95 / € (A) 20,60

Carola von Kessel gibt hier innovative Lösungen für abwechslungsreiche Gymnastizierung! 50 Übungsabläufe mit Audiodateien zum Nachreiten, Schnellfinder-System für den maßgeschneiderten Lektionen-Mix. So macht das Training Spaß!

160 Seiten, 115 Bilder, 55 Strichzeichnungen
Format 170 x 240 mm
ISBN 978-3-275-02132-1
€ 19,95 / € (A) 20,60

Dieser Basiskurs mit dem Schwerpunktthema »Ausreiten« ist reitweisenunabhängig und orientiert sich am Ausbildungsprogramm »Parelli Natural Horsemanship«, das die Freundschaft zwischen Mensch und Pferd an erste Stelle stellt.

176 Seiten, 171 Bilder, 6 Strichzeichnungen
Format 170 x 240 mm
ISBN 978-3-275-02086-7
€ 24,90 / € (A) 25,60

Stand Oktober 2018
Änderungen in Preis und Lieferfähigkeit vorbehalten.

Überall, wo es Bücher gibt, oder unter
WWW.MUELLER-RUESCHLIKON.DE
Service-Hotline: 0711 / 78 99 21 51